Steffen Kern
Warum das Leid?
Unsere Sehnsucht nach Hoffnung

Steffen Kern

Warum das Leid?

Unsere Sehnsucht nach Hoffnung

SCM Hänssler

SCM

Stiftung Christliche Medien

Mehr Informationen zum Autor Steffen Kern erhalten Sie
unter: www.steffen-kern.de

Bestell-Nr. 395.260
ISBN 978-3-7751-5260-0

© Copyright der deutschen Ausgabe 2010 by
SCM Hänssler im SCM-Verlag GmbH & Co. KG
71088 Holzgerlingen
Internet: www.scm-haenssler.de
E-Mail: info@scm-haenssler.de
Umschlaggestaltung: OHA Werbeagentur GmbH, Grabs,
Schweiz; www.oha-werbeagentur.ch
Titelbild: istockphoto.com,
Archiv OHA Werbeagentur GmbH
Satz: typoscript GmbH, Walddorfhäslach
Druck und Bindung: CPI – Ebner & Spiegel, Ulm
Printed in Germany

Soweit nicht anders angegeben, sind die Bibelverse
folgender Ausgabe entnommen: Neues Leben. Die Bibel,
© Copyright der deutschen Ausgabe 2002 und 2006 by
SCM R.Brockhaus im SCM-Verlag GmbH & Co. KG, Witten.
Weiter wurden verwendet: Lutherbibel, revidierter Text
1984, durchgesehene Ausgabe in neuer Rechtschreibung,
© 1999 Deutsche Bibelgesellschaft, Stuttgart.
Dies ist an folgenden Stellen der Fall: S. 63: Offb 1,17f;
S. 65: Offb 1,8; S. 68: Ps 103,8.3.4; S. 68: Jer 31,3; S. 71: Ps
13,2-6; S. 79: Ps 73,23-26.28; S. 119, Ps 23.; S. 58: Mk 1,15

Inhalt

Warum? 9
  Wenn Welten sich berühren 10
  Wenn eine Krankheit in unser
  Leben bricht 14
  Wenn das Leid maßlos wird 22

Glück und Unglück 29
  Wenn das Glück nicht allein kommt ... 30
  Wenn es in Beziehungskisten
  knistert 35
  Wenn ein Augenblick die
  Welt verändert 37
  Wenn uns etwas zufällt 40
  Wenn ich sehe, was ich kann 42
  Wenn ein Stern vom Himmel fällt 44
  Wenn eine leise Weise Kreise zieht 46
  Wenn Himmel und Hölle um mein
  Herz streiten 48
  Wenn alles seine Zeit hat 51

Gott? 53
  Wenn es Gott gibt 54
  Wenn Gott nicht allmächtig wäre 62
  Wenn Gott nicht gut wäre 66

Wenn es Gott nicht gibt 72

Wenn das Leid erklärt wird 80

Wenn Religion und Revolution
dem Leid begegnen 85

Wenn am Ende der Zeit alle
zurücksehen 90

Wenn Gott da ist – mitten im Leid 103

Wenn Gott offenbar und zugleich
verborgen ist 108

Trost und Hoffnung 113

Wenn es doch einen Trost gibt 114

Wenn wir in der Krise stecken 122

Wenn wir Gott beim Namen nennen ... 128

Wenn Tränen bis in den Himmel
fließen 135

Wenn wir neu zu hoffen lernen 153

Wenn die Tränentage Ihres Lebens
kommen 170

Anmerkungen 172

Meinen Eltern.

Warum?

Wenn Welten sich berühren

Einige Zeilen dieses Buches schreibe ich in Brasilien, weit weg von Deutschland und doch in vieler Hinsicht so nah. Es ist ein Land voller Gegensätze. Eine herrliche Landschaft, eine üppige grüne Vegetation, bunte Blüten, herrliche Strände, gewaltige Wasserfälle, fantastische Naturschauspiele – die Schönheit der Schöpfung ist betörend. Doch mitten in dieser prächtigen Natur hausen Menschen unter übelsten Bedingungen. Favelas nennen sie diese Stadtviertel. Aus Sperrholzplatten, Kunststoffresten und Pappkartons basteln sich die Menschen ihre Hütten. Hier leben sie auf Müllhalden oder am Rande von Sumpfgebieten in einer Welt, über der es keinen Himmel zu geben scheint. Familien leben hier, Kinder. Kleine Babys werden in eine Existenz hineingeboren, in der es keine Hoffnung gibt, zumindest sehe ich sie nicht. Schon bevor ihr Leben begonnen hat, sieht alles danach aus, als sei ihr Schicksal besiegelt.

Ein paar Kilometer weiter dagegen scheint der Himmel die Erde zu berühren: Restaurants, Einkaufsstraßen, Villen. Hier gibt es Luxus, hier lässt sich's leben. Hier kann man genießen, was es zu genießen gibt – und es wird genossen, reichlich sogar, maßlos. Hier gibt es allen Grund, das Beste vom Leben zu erwarten.

Dieses Nebeneinander von Glück und Elend, von Überfluss und Armut, von Schönheit und Hässlichkeit, dieser krasse Gegensatz von Luxus und Leiden wühlt meine Seele auf. In mir wird neu die Frage laut, die mich auch in Deutschland immer wieder bewegt. Es ist die Frage, die meinen Glauben und den vieler anderer bis ins Mark erschüttert. Nur fünf Buchstaben, die doch Welten umfassen: Warum?

Fremdworte aus einer anderen Welt

Warum ist das so? Warum geht es so zu in unserer Welt? Warum gibt es keine Gerechtigkeit? Warum lassen wir Menschen das zu – und warum lässt Gott das zu?

Ich höre von einem Mädchen, Maria[1]. Bei einer kurzen Begegnung erfahre ich ihre Geschichte. Sie ist in einer dieser Welten ohne Hoffnung aufgewachsen. Kein sauberes Wasser, kein Haus, kaum eine Hütte – und was am schmerzlichsten ist: Sie hatte nie eine richtige Familie. Ihr Vater ist drogenabhängig und gewalttätig. Am meisten hat sie von ihm, wenn er weit weg ist oder einen Rausch ausschläft und niemanden tyrannisiert. Ihre Mutter ist Prostituierte, oft tagelang fort, ausgezehrt, kraftlos, leer. Sie scheint nicht nur ihren Körper, sondern auch ihre Seele verkauft zu haben. Aber auch wenn sie da ist: Sie ist ihrer Tochter fremd geworden, so wie sie sich selbst längst fremd geworden ist. Liebe, Zuwendung, Geborgenheit – das gibt es nicht in Marias Leben, nicht einmal Sauberkeit, eine gewisse Ordnung oder Regelmäßigkeit. Das alles sind Fremdworte aus einer anderen Welt. Mit dem Nötigsten versorgt wurde sie von ihrer Großmutter, bis eine christliche Familie sie aufgenommen hat, um ihr zum ersten Mal im Leben so etwas wie ein Zuhause zu geben.

Wenn Erklärungen nicht helfen

Ich denke an gleichaltrige Mädchen in Deutschland, 12- oder 13-jährige Kinder, die behütet aufwachsen, ein eigenes Zimmer haben, Kleider, Schuhe, Spielsachen, die zur Schule gehen und

Perspektiven haben, die geliebt werden. Auch wenn es nirgends eine heile Welt gibt – es gibt doch so große Unterschiede. Und auch wenn es nirgends auf diesem Planeten den Himmel auf Erden gibt, es gibt doch die Hölle, die viele erleben. Da frage ich wieder: Warum?

Aber die Frage stellt sich nicht nur in Brasilien oder in anderen Ländern, in denen Armut und Elend vieler Menschen noch viel größer sind – in der sogenannten Dritten Welt, in

> Auch wenn es nirgends auf diesem Planeten den Himmel auf Erden gibt, es gibt doch die Hölle, die viele erleben.

Afrika oder in Asien. Nein, diese Frage bricht mitten in unser Leben hinein. Oft ohne Vorankündigung, aus heiterem Himmel ist sie einfach da. Wenn die Worte fehlen, wenn Erklärungen nicht helfen, wenn jeder Satz, der gesprochen wird, danebenliegt und alles nur noch schlimmer macht, dann bleibt nur noch diese Frage – gestammelt, geschrien, geweint: Warum?

Wenn eine Krankheit in unser Leben bricht

So unerwartet brach diese Frage auch in unserer Nachbarschaft auf. Einer meiner Nachbarn war ein großartiger Mensch, ein Pensionär, nicht mehr der Jüngste zwar, aber im Wesentlichen kerngesund. Ein freundlicher und liebenswürdiger Mann. Er pflegte seinen Garten, er ging wandern, er engagierte sich. Für unsere Kinder hatte er immer ein gutes Wort, war meist zu Späßen aufgelegt und spielte gerne mit seinen Enkeln, die er von Herzen liebte. Mit einem Mal merkte er, dass manche Bewegungen schwerer fielen, seine Glieder gehorchten ihm nicht mehr. Irgendetwas stimmte nicht in seinem Körper. Nach einigen Untersuchungen erhielt er die niederschmetternde Diagnose, die einem Todesurteil gleichkam: ALS, Amyotrophe Lateralsklerose, eine Erkrankung des motorischen Nervensystems. Der Verlauf der Krankheit ist verheerend.

Ein Jahr des Abschieds

Nach und nach versagen Nerven und Muskeln ihren Dienst. Die Bewegungen werden zuerst ungenauer und ungelenker, dann geht immer weniger und zum Schluss nichts mehr. Gehen, Stehen, Sitzen, Essen, Trinken, Sprechen – alles schwindet. Nur das Denken nicht. Der Kopf bleibt klar. Mein Nachbar erlebte den Verfall seines Leibes bei vollstem Bewusstsein und glasklarem Verstand. Er war immer braun gebrannt, muskulös, durchtrainiert. Er war einer, der Berge bezwingen konnte und manch Jüngeren locker abhängte. Aber ALS macht alles binnen kürzester Zeit zunichte. Wie gnadenlos und unbarmherzig eine Krankheit sein kann! Und das im Laufe von Monaten. Von der Diagnose bis zum Tod kann man etwa ein Jahr rechnen, bei manchen geht es schneller, bei anderen langsamer, bei ihm dauerte es ein knappes Jahr. Woche für Woche konnten wir zusehen, wie er abbaute. Seine Frau versorgte ihn treu und liebevoll. Auch sie musste mit ansehen, wie er litt, und war doch hilflos und machtlos. Die Kinder mussten zusehen und die Enkel. Und alle litten mit. Ein Jahr des Abschieds hatte mit der Diagnose begonnen.

Die letzten Monate musste er beatmet werden. Über 20 Stunden am Tag war er zuletzt von einem Beatmungsgerät abhängig. Die Lungen wurden aufgeblasen, weil er selbst nicht mehr die Kraft zum Atmen hatte. Die Schmerzen wurden stärker. Dennoch wollte er zu Hause bleiben. Den Beatmungsmaschinen der Krankenhäuser, den Magensonden und den Schläuchen der modernen Apparate- und Intensivmedizin wollte er sich nicht ausliefern. Schließlich entschied er sich, sein Beatmungsgerät abzuschalten und zu Hause zu sterben im Kreis der Familie. Eines Abends kam der Arzt, gab ihm ein Beruhigungsmittel. Zum letzten Mal nahm er alle Kraft zusammen und setzte sich mit seiner Familie zum Abendessen. Dann ging er zu Bett und schlief ein. – Es war für mich ein Vorrecht, seine Beerdigung halten zu dürfen. Doch während der Zeit seines Leidens, an seinem Sarg und an seinem Grab ist doch immer diese Frage da, mal mehr im Hintergrund, mal ganz präsent, mal zugedeckt von Alltäglichem, mal quälend und laut: Warum?

Ein Loch der Sinnlosigkeit

Nun könnten Sie gewiss auch eine Geschichte erzählen, vielleicht sogar eine ganz persönliche Leidensgeschichte. Auch mir fallen manche Erlebnisse ein, wenn ich etwa an meine eigene Familie denke. Krankheiten brechen in unser Leben ein. Der Tod bricht ein. Sie sind Einbrecher, die uns alles rauben: unser Glück, unsere Freude, unsere Hoffnung. Wir wissen, dass sie eines Tages kommen. Wir fürchten sie. Wir verdrängen sie vielleicht auch. Aber es ist gut, wenn wir uns nicht einfach mit ihnen abfinden, sondern wenn wir fragen, wenn wir die Faust ballen und die Frage zum Himmel schreien: Warum?

Es ist seltsam, wie dieses Warum dann Kreise zieht und sich in verschiedenste Einzelfragen auffächert: Warum trifft es mich und nicht irgendjemand anders? Warum Krebs und nicht irgendeine andere leichtere Krankheit? Warum jetzt und nicht in 30 oder 40 Jahren? Warum bleibe ich nicht gesund wie so viele andere? Warum soll ich das nicht erleben dürfen, was ich mir immer gewünscht und erträumt und worauf ich zugelebt habe? – Wenn diese Fragen in unserem Kopf zu kreisen beginnen, ist es wie eine Spirale, die uns nach unten zieht, ein Sog, dem wir uns kaum entziehen können und der uns nur tiefer hinunterzieht in Resignation und Depression hinein, in ein Loch der Sinnlosigkeit. Aber was hilft dann? Die Krankheit einfach hinzunehmen? Wie ein Held alles stark zu tragen? Die Trauer zu überspielen? – Diese Kraft haben viele nicht.

Aber selbst, wenn wir übermäßige Kräfte aufbringen, ist es fraglich, ob das wirklich erstrebenswert ist: wie ein Indianer, der vermeintlich keinen Schmerz kennt, alles hinzunehmen und klaglos zu ertragen. Eine solche Erhabenheit wird doch dem Schmerz nicht gerecht. Diese vermeintliche Stärke nimmt doch das Leiden nicht ernst. Das Grauen braucht doch einen Raum, in dem es ausgesprochen werden darf, in dem es wahr- und ernst genommen wird. Das gilt auch, wenn nicht wir selbst von Leid betroffen sind, sondern Menschen, die uns nahestehen. Allzu leicht gehen wir über die Krankheiten anderer hinweg. »Nimm es nicht so schwer«, sagen wir. »Take it easy!« Aber wir sollten nicht leichtnehmen, was nicht leicht ist.

> Wer selbst betroffen ist von Krankheit und Trauer, der sollte sich Menschen suchen, die genau das können: erst einmal schweigen, aushalten, einfach da sein. Das sind Freunde, wertvolle Begleiter in der Not.

Wir sollten vielmehr dem Schweren, das in unser Leben fällt und uns belastet, auch das Gewicht geben, das es hat. Wie Hohn und Spott klingen die Floskeln, die wir oft von anderen hören und die wir selbst allzu schnell im Mund führen. »Nach Regen kommt wieder Sonnenschein.« »Es wird schon wieder!« Oder schön poetisch: »Immer wenn du meinst, es geht nicht mehr, kommt von irgendwo ein Lichtlein her.« – Leere Worte, sonst nichts! Phrasen, die noch mehr verletzen als die Krankheit selbst. Vielleicht gut gemeint, aber sie wirken verheerend. Das gilt auch für manche christlichen Worte, wenn sie zu schnell gesagt werden: »Es muss dir zum Besten dienen.« Nein, wer am Krankenbett eines andern sitzt, sollte schweigen können. Wer einen Kranken besucht und ihm etwas Gutes tun möchte, sollte mit aushalten können. Und wer selbst betroffen ist von Krankheit und Trauer, der sollte sich Menschen suchen, die genau das können: erst einmal schweigen, aushalten, einfach da sein. Das sind Freunde, wertvolle Begleiter in der Not.

Riss in der Seele

Wenn wir von den Freunden des alten Hiob etwas lernen können, dann das: Sie haben schweigend bei ihrem kranken, geschundenen und vielfach geplagten Freund gesessen. Hiob hatte alles verloren. Sein Hab und Gut, seine Kinder, die Liebe seiner Frau, seine Gesundheit. Elend saß er da. Seine Geschichte wird in einem Buch der Bibel erzählt, das seinen Namen trägt. Dann kommen seine Freunde. Sie erheben später viele Vorwürfe. Sie liegen in manchem, was sie sagen, völlig daneben. Sie treten dann auf als Freunde, deren Verhalten nicht hilfreich ist. Wir kennen das – irgendwann kommen Forderungen: »Stell dich nicht so an!« »Du bist doch selbst schuld.« »Hättest du dies oder das getan, ginge es dir jetzt besser.« Oder besonders grausam gegenüber Trauernden: »Nun ist es doch schon so lange her. Jetzt solltest du langsam wieder normal werden...« Aber wer einen lieben Menschen verloren hat, vielleicht den Ehepartner, vielleicht sogar ein Kind, wer diesen Riss in der Seele spürt, für den wird es nicht mehr »normal«. Nichts ist mehr, wie es vorher war. Auch nach vielen Monaten oder einigen Jahren nicht. Trauer verändert sich, aber sie bleibt. Wie gut tut es da, wenn Menschen kommen und das tun, was Hiobs Freunde am Anfang richtig gemacht haben: Sieben Tage und sieben Nächte haben sie bei ihm gesessen und mit ihm gelitten und mit ihm geschwiegen. Erst dann haben sie geredet. Haben Sie solche Menschen, die mit Ihnen schweigen können? Haben Sie Freunde, die mit Ihnen lachen, aber auch weinen können? Und sind Sie selbst so ein Begleiter oder eine Begleiterin für andere? – Ich wünsche Ihnen beides.

Wenn das Leid
maßlos wird

Manchmal ist die Warum-Frage das Einzige, was man noch auszudrücken vermag, wenn alle weiteren Worte fehlen. So auch nach dem schrecklichen Amoklauf von Winnenden. Dort stand sie auf einem Blatt Papier, das irgendjemand in das Meer von Blumen und Kerzen an der Gedenkstätte gelegt hatte. Nur dieses eine fragende Wort und ein Fragezeichen. Mehr nicht. Es genügt, um auszudrücken, was damals ein ganzes Land und viele darüber hinaus empfunden haben.

»Unser 11. September ist der 11. März«

Es geschah am 11. März des Jahres 2009. Ein junger Mann stürmt mit einer Waffe aus seinem Elternhaus in die Albertville-Realschule und schießt um sich. Er tötet Schüler und Lehrer, 15 Menschen werden ermordet, er reißt junge Menschen mitten aus dem Leben. Wahllos schießt er um sich. Oder doch gezielt? Grausamer, elender, vernichtender kann ein Mensch nicht handeln. Er ist buchstäblich vom Teufel geritten. Die Namen der Opfer kann danach kaum ein Mensch in Deutschland aufzählen, der Name des Täters jedoch macht Schlagzeilen über Monate hinaus und wird es noch lange tun. Schließlich stirbt er, wird buchstäblich ein Opfer seiner selbst. Es ist nicht zu ermessen, wie viel Leid dieses Verbrechen über die Familien gebracht hat. Winnenden wird über Jahre hinaus weltweit mit diesem Tag in Verbindung gebracht werden. Seither ist nichts mehr, wie es war, auch nicht nach einem, zwei oder mehr Jahren. Ein Schüler der Albertville-Realschule sagt: »Unser 11. September ist der 11. März.« Wie groß und wie schwer ein leidvolles Ereignis empfunden wird, entscheidet sich nicht an der Zahl der Opfer oder daran, wie spektakulär ein Tathergang war. Es gibt ein Maß an Leiden, das sich nicht ermessen lässt. Ob ein globaler Terroranschlag mit Tausenden von Toten oder ein Schicksalsschlag in meinem Leben – das Leid ist jeweils unermesslich groß. Hier gibt es keine Rangliste. Alles Vergleichen erübrigt sich. Leiden ist unvergleichbar, grenzenlos.

»Fassungslosigkeit in allen Gesichtern«

Ergriffen von dem Ereignis damals war auch ein Jugendkreis des Evangelischen Gemeinschaftsverbandes Württemberg, der Apis. Etwa die Hälfte der Teilnehmer des Kreises besuchten damals die Albertville-Realschule. Die leitenden Mitarbeiter der Jugendgruppe schreiben ein Jahr danach:

»Es gibt Ereignisse, die brennen sich tief ins Gedächtnis ein. Für uns ist der 11. März 2009 so ein Ereignis. [ ] Uns Mitarbeitende erreichte die Nachricht an den unterschiedlichsten Orten. Schnell sickerte durch, dass auch Teenies von uns in den Klassen mit Todesopfern waren. Stunden des hilflosen Wartens auf Informationen begannen. Dieses Gefühl der Hilflosigkeit zieht sich bis heute durch. – Auf Anregung einzelner Teenies trafen wir uns nachmittags im Gemeindehaus. Fassungslosigkeit in allen Gesichtern. Schock. Irgendwann die gesicherte Information, dass keiner unsrer Teenies unter den Todesopfern ist.

Die nächsten Tage öffneten wir das Gemeindehaus auch weiterhin nachmittags für die Teenies. Soweit wir konnten, waren auch wir

Jugendmitarbeitende da. Zum Reden oder Schweigen, gemeinsamen Essen und Spielen. Zusammen besuchten wir auch Gottesdienste und Trauerfeiern.

In den Gesprächen mit uns Mitarbeitenden sind der Amoklauf und seine unterschiedlichen Auswirkungen auf die Jugendlichen nach wie vor ein Thema. Auf die direkte Frage, wie es ihnen heute damit geht, bekamen wir unter anderem folgende Antworten: ›Ich denke jeden Tag dran.‹ – ›Der Kontakt zu meinen Klassenkameraden und Freunden ist intensiver geworden.‹ – ›Denke oft dran.‹ – ›Ich verdränge es die ganze Zeit.‹ Abgeschlossen ist die Verarbeitung sicher noch nicht.

Wir möchten allen danken, die an uns gedacht, uns unterstützt, getragen und für uns gebetet haben. Tut dies auch weiterhin. Die Jugendlichen und wir brauchen das!«

Auch ich erinnere mich noch gut, wie ich gleich nach diesem Ereignis zu einem Radiosender musste, um ein Wort der Kirche zu sagen. Doch was sollte ich sagen? Gibt es mehr zu sagen, als die Frage nach dem Warum zu stellen und dem Schrecken Ausdruck zu verleihen? Mir blieb nichts, als die Sprachlosigkeit in Worte zu fassen und zu beten. Not lehrt beten, sagt ein Sprichwort. Das mag nicht immer und nicht für alle gelten, aber doch ist es mit das Beste, was wir tun können: Nicht bei einem Selbstgespräch zu bleiben, den Schrei »Warum?« nicht in der eigenen Seele verhallen zu lassen, sondern ihn hinauszuschreien, Gott entgegen.

Wenn die Sonne sinkt um die Mittagszeit

Ein Lied, geschrieben am Gründonnerstag nach
dem Amoklauf von Winnenden

Wenn die Sonne sinkt um die Mittagszeit
Und der Albtraum hier die Geschichte schreibt –
Gott, wo bist du?

Wenn ein heller Stern aus dem Himmel fällt
Und kein Engel mehr seine Schutzhand hält –
Gott, wo bist du?

Wenn die Erde hier ihren Glanz verliert,
Und die Lebensbahn in den Abgrund führt –
Gott, wo bist du?

Wenn kein Licht mehr scheint an dem Firmament
Und kein Mensch hier noch einen Ausweg kennt –
Gott, wo bist du?

Ein Vorhang aus Tränen trübt den Blick
Und doch schaue ich noch mal zurück:

Ich seh das Kreuz
Gott in der Welt
Von Leid und Schmerz
Total entstellt
Ich hör den Schrei
»Mein Gott, warum?«

Und weiß:
Du bist da.

Text: Steffen Kern
Melodie: Matthias Hanßmann
© cap-music, 72 221 Haiterbach-Beihingen

Glück und Unglück

Wenn das Glück nicht allein kommt

Gott sei Dank besteht das Leben nicht nur aus Katastrophen. Es gibt ja auch glückliche Tage. Und es sind hoffentlich nicht wenige in Ihrem Leben. Prüfen Sie sich einmal selbst: Können Sie von sich sagen, dass Sie ein glücklicher Mensch sind? Überlegen Sie einmal: Wann haben Sie das zum letzten Mal intensiv empfunden, dieses Gefühl, das sich mit diesem kurzen Wort am besten beschreiben lässt: Glück? – Nun, wahrscheinlich werden wenige uneingeschränkt von sich sagen können, dass sie rundum glücklich sind, aber hoffentlich sind wir es doch immer wieder. Das Glück ist kein Dauerzustand, den wir erleben. Wir sind nicht immer nur glücklich, tagein, tagaus, das geht gar nicht. Glück zeichnet sich ja gerade dadurch aus, dass es sich von unserem Normalzustand abhebt. Wie Farbtupfer auf einer grauen Wand, so heben sich die besonderen Glückstage von unseren Alltagstagen ab – zugleich bedeutet

> Jeden Tag ein Stück vom Glück zu erleben, wenigstens ein kleines, das wäre doch wünschenswert, finden Sie nicht?

dies nicht, dass unser Alltag nur aus Grautönen bestehen muss. Das wäre ein Jammer. Jeden Tag ein Stück vom Glück zu erleben, wenigstens ein kleines, das wäre doch wünschenswert, finden Sie nicht? Mir genügt schon ein kleines Glück. Es muss nicht immer laut daherkommen und strahlend und mitreißend und leidenschaftlich – es darf auch ein leises und unscheinbares Stück vom Glück sein, solange es nur mein eigenes kleines Glück ist, solange es mir nur geschenkt wird.

Was macht glücklich?

Da stellt sich freilich die grundlegende Frage: Was macht eigentlich glücklich?

Geld? – Vielleicht, solange man es gut angelegt hat und gut investiert, solange man sein Glück teilt, andere am eigenen Glück teilhaben lässt und das Geben nicht verlernt. Aber Geld hat die Eigenschaft, wenige glücklich, dafür aber viele gierig, geizig und neidisch zu machen. Viel Geld hat schon viele Menschen ins Unglück gestürzt. Geld ist jedenfalls kein Garant des Glücks.

Sex? – Bestimmt ist Sexualität ein großartiges Geschenk, etwas Wunderbares, das viele als beglückend erleben. Es ist interessant, was Untersuchungen belegen: Je tiefer, fester und verbindlicher eine Partnerschaft ist, desto beglückender wird Sexualität empfunden. Es scheint, als habe die alte Verbindung von Ehe und geschlechtlicher Gemeinschaft tatsächlich auch etwas mit Glück zu tun. Zugleich aber wird Sexualität mit so vielen Erwartungen und Ansprüchen überfrachtet, dass es die Beteiligten nur unglücklich machen kann. »Besser, cooler, intensiver, prickelnder, ultimativer« soll es sein, das versprechen die Medien genauso wie die Prahlereien, mit denen wir einander etwas vormachen. Zurück bleiben oft nur Enttäuschung, geplatzte Träume und verletzte Seelen. Nein, Sex als solches macht nicht glücklich. Liebe gehört dazu, Verantwortung, Verlässlichkeit und Treue, Respekt und Zuneigung. Unsere Sexualität ist einer unserer wunden Punkte. Glück und Unglück liegen hier nah beieinander.

Wer ganz oben ankommt, wer immer mehr Menschen *unter* sich und kaum einen mehr *über* sich hat, merkt vielleicht zu spät, wie einsam es an der Spitze ist.

Karriere? – Klar, wer Erfolg hat, kann sich freuen. Wenn wir etwas erreichen, etwas leisten, dann tut uns das gut. Es bringt uns weiter, es bringt uns Anerkennung und Achtung. Aber Erfolg fordert uns auch heraus. Wer Erfolg haben und dabei langfristig zufrieden und glücklich bleiben will, braucht Charakter, innere Stärke und den Mut, bescheiden zu bleiben. Wer den nicht hat, verliert den Blick für andere und die Achtung vor anderen. Erfolg macht einsam. Wer ganz oben ankommt, wer immer mehr Menschen *unter* sich und kaum mehr einen *über* sich hat, merkt vielleicht zu spät, wie einsam es an der Spitze ist. Das ist eine bittere Pille, die viele gerne schlucken, weil sie anfangs ganz süß schmeckt, aber: Die große Karriere kann sehr unglücklich machen.

Das Geheimnis des Glücks

Wir sehen, wie nahe Glück und Unglück oft beieinanderliegen. Das Geheimnis des Glücks liegt wohl darin, dass es uns geschenkt wird. Es ist nie verfügbar. Wir können unser Glück nicht machen, schon gar nicht erzwingen, nicht einmal festhalten. Das Glück sei wie ein Schmetterling, heißt es zu Recht: Es kommt unerwartet, es ist wunderschön und es fliegt weiter. Das Glück ist zerbrechlich, sagen wir treffend. Allzu leicht stehen wir vor den Scherben unseres eben noch erfahrenen Glücks. Wir können es nicht halten, nur erleben, erfahren, genießen – es einfach aus der Hand nehmen, die uns beschenkt und es gut mit uns meint.

Die unbekannte Hand

Warum wir manchmal ausgesprochen glücklich sind und warum manchmal tief unglücklich, wissen wir nicht. Es ist, als würde dieselbe Hand uns einmal schützen, beschenken, streicheln und verwöhnen, um uns dann auszuliefern, uns zu berauben, zu schlagen und zu zerstören. Ist es die Hand des Zufalls? Oder die Hand des Schicksals? Oder doch die Hand Gottes? Was aber wäre das für ein Gott, der eine so unberechenbare Hand hat?

Bevor wir diesen bedeutenden Fragen weiter nachgehen, will ich mit Ihnen Glück und Unglück noch etwas näher ansehen. Glück ist ja nicht gleich Glück, und *ein* Unglück unterscheidet sich gewaltig von einem andern. Wir können sieben verschiedene Arten des Glücks und des Unglücks unterscheiden. Das Bezeichnende dabei ist, dass jedem Glück auch ein Unglück entspricht.

Wenn es in Beziehungskisten knistert

Es gibt das Glück der Beziehung. Wenn eine Freundschaft gelingt, wenn wir erfahren, dass Menschen zu uns stehen, wenn es eine Schulter gibt, an die wir uns lehnen, auf die wir klopfen und an der wir auch einmal weinen können, dann ist das etwas sehr Wertvolles. Wenn Sie echte Freunde haben, mit denen Sie lachen und mit denen Sie weinen können, die Ihnen Ihr Glück nicht neiden und die Ihrem Unglück nicht schadenfroh zusehen, dann sind Sie ein reicher Mensch.

Wie wertvoll eine Beziehung sein kann, das zeigt sich vor allem auch in der Partnerschaft mit dem Menschen, mit dem Sie Ihr Leben teilen. Jeder von uns ist ein Individuum, eine Einzelperson, ein Original, und doch ist jeder auf ein »Du« hin geschaffen. Wir Menschen sind auf ein Gegenüber ausgerichtet, auf Beziehung angelegt. Darum ist eine Beziehung, in der zwei Menschen sich vertrauen, zueinanderstehen, sich gegenseitig beschenken, ein Stück Himmel auf Erden. Wenn ein Mann und eine Frau vor dem Traualtar »Ja«

zueinander sagen und dieses »Ja« im täglichen Miteinander leben, ist das ein Segen.

Aber wir brauchen gar nicht die Statistiker zu bemühen, die uns sagen, wie viele Ehen geschieden werden, um zu wissen, wie zerbrechlich das Glück der Beziehung ist. Jede Gemeinschaft kann auseinanderreißen. Es ist ein großes Unglück, wenn Freundschaften zerbrechen, Ehen scheitern, Partnerschaften auseinandergehen. Das Unglück gescheiterter Beziehungen können wir auch an vielen Stellen in unserer Arbeitswelt erleben. Wenn Kollegen mehr gegeneinander als miteinander arbeiten, mehr mobben als ihren Job machen, dann kann das unerträglich werden. Wenn aus Liebe Hass wird, aus Freundschaft erbitterte Feindschaft, dann kann das Leben zur Hölle werden. Es ist tragisch: Dem Glück gelingender Beziehungen entspricht das Unglück der Trennung und des Streits. Weil wir Beziehungswesen sind, sind wir auch verletzlich.

> Dem Glück gelingender Beziehungen entspricht das Unglück der Trennung und des Streits.

Wenn ein Augenblick die Welt verändert

Es gibt das Glück des Augenblicks. Wenn wir einen Moment erleben, der einfach perfekt ist. Alles ist gut, wunderbar, einfach herrlich. Sie haben auf dem Fußballplatz das entscheidende Tor geschossen. Jubel bricht aus. Eine Explosion der Freude. Große Gefühle. Alles fantastisch. Solche Augenblicke gibt es. Längst nicht nur im Sport. Das Glück des Augenblicks können wir auch erleben, wenn wir einfach herzhaft lachen müssen, vielleicht über einen Witz, vielleicht, weil eine Situation so urkomisch ist und wir einfach in guter Stimmung sind. Wer Humor hat und heiter ist, wer die Dinge positiv sieht, lacht öfter und macht vielleicht auch die Erfahrung, dass Lachen gesund ist. Glückliche Momente gibt es in der Musik, wenn ein Lied, ein Musikstück die Sinne erfasst, unseren Horizont sprengt und uns eine neue Welt eröffnet. Ob Bach, Beethoven oder die Beatles – die Interessen, Stil- und Geschmacksrichtungen sind verschieden, die Erfahrungen aber vergleichbar. Glückliche Augenblicke gibt es, wenn zwei Menschen einander vertraut begegnen und gemeinsam ihre Nähe genießen. Glückliche Momente erleben wir mit Kindern, wenn sie strahlen und lachen, wenn sie einfach da sind. Auch in der Natur, wenn uns die Schönheit der Schöpfung überwältigt, können wir dem Glück des Augenblicks begegnen.

Ich finde es jedenfalls etwas Großartiges, dass unser Leben nicht nur aus Vergangenheit und Zukunft besteht, sondern zuerst und vor allem aus dem Hier und Jetzt. Wir leben immer nur in der Gegenwart. Es ist hilfreich, wenn wir uns das ab und zu bewusst machen. Heute, jetzt in diesem Moment entscheidet sich, ob ich glücklich oder unglücklich bin. Das Leben besteht aus Augenblicken. Darum ist es gut, das Glück zu genießen, wenn es uns begegnet.

> Dem Glück des Augenblicks entspricht das Unglück eines Moments.

Freilich hat das Glück der Gegenwart auch etwas mit einer bereinigten Vergangenheit und einer hoffnungsvollen Zukunft zu tun. Wenn mich das, was war, nicht mehr belastet, und wenn mich das, was kommt, nicht ängstigt, kann ich gelassen im Heute leben.

Zugleich wissen wir, dass wir auch dem Unglück begegnen können, von einem Moment auf den andern. Einen Augenblick zu spät gebremst, ein Wort zu viel gesagt – und die Welt sieht ganz anders aus. Eine Sekunde kann unser Leben verändern. Ein Schicksalsschlag braucht oft nur einen Moment, um zuzuschlagen. Dann ist alles anders, alles auf den Kopf gestellt, nichts mehr, wie es war. Wir

> Ein Schicksalsschlag braucht oft nur einen Moment, um zuzuschlagen.

würden die Uhr gerne zurückdrehen, vielleicht nur um zwei oder drei Sekunden. Aber es geht nicht, ohne Erbarmen ist alles verändert. Ein Unglück ist geschehen und lässt sich nicht mehr zurücknehmen.

Warum der Schlag des Schicksals kam, warum wir glücklich oder unglücklich sind, warum wir ausgerechnet in dieser Sekunde über die Kreuzung fuhren, in der auch ein anderer nicht aufpasste – wer vermag diese Frage zu beantworten?

Wenn uns etwas zufällt

Es gibt das Glück des Zufalls und zugleich das plötzliche Unglück, das sich nicht erklären lässt. Man kann im Lotto gewinnen, man unglaublichen »Dusel« haben, man kann ein Glückspilz sein gegen alle Wahrscheinlichkeit und Berechnung. Der oder die hat mehr Glück als Verstand, sagen wir dann. Genau diese Nachrichten machen die Boulevardmagazine so interessant. Aus einem Tellerwäscher wird durch eine oder mehrere glückliche Fügungen ein Millionär. Etwas davon ahnen wir, wenn wir auch nur ein Zweicentstück auf der Straße entdecken. Wir finden einen Penny und fragen: Was kostet die Welt? – Der Tag ist gerettet. Eigentlich verrückt, wie sehr uns das Glück des Zufalls fasziniert und bestimmt. Da spielt es keine Rolle, dass meine Gewinnaussichten gleich null sind – ich mach trotzdem mit bei Gewinnspielen und Preisrätseln aller Art. Wer weiß, vielleicht küsst es mich ja dieses Mal, das Glück. Fernsehsender, Zeitschriften und Adressensammler leben von dieser unbändigen Sehnsucht nach Glück, die manche bis in die Spielsucht hinein treiben kann.

Wie unglücklich dieses »Glück im Spiel« auch machen kann, wird uns bewusst, wenn es immer und immer wieder ausbleibt. Frust stellt sich ein, Enttäuschung, Ernüchterung.

Manchmal sind es auch nur Kleinigkeiten, die uns nach unten ziehen. Ein ungeschicktes Wort, das irgendjemand sagt, ein dummer Kommentar, der uns die gute Laune nimmt. Es kann sein, wir wissen gar nicht, welche Laus uns über die Leber gelaufen ist. Wir merken nur, dass uns irgendetwas stinkt. Schlimmer ist es, wenn uns ein bedeutsameres Unglück völlig unerwartet trifft. Auch das kann urplötzlich kommen wie ein Donnerschlag aus heiterem Himmel. Eine Diagnose, ein Unfall, ein unglücklicher Zufall. Warum ausgerechnet ich? Warum muss ich die Krankheit haben, die nur 0,001 Prozent der Deutschen haben? Warum muss es ausgerechnet mich treffen? Warum war ich im falschen Moment am falschen Ort? – Diese Fragen können uns verrückt machen.

Genauso, wie uns das Glück des Zufalls küssen kann, vermag uns das Unglück des Schicksals einen Schlag zu versetzen.

Genauso, wie uns das Glück des Zufalls küssen kann, vermag uns das Unglück des Schicksals einen Schlag zu versetzen.

Wenn ich sehe, was ich kann

Es gibt das Glück des Stolzes, wenn wir etwas geschafft haben, wenn wir unseren inneren Schweinehund überwunden haben und einfach nur zufrieden sind mit uns selbst. Wer einmal eine Bergtour gemacht hat, die 1 400 Höhenmeter Schritt für Schritt gespürt hat, wer geschwitzt und gestöhnt hat, Schmerzen erlitten, wer aber nicht aufgegeben hat und schließlich am Ziel angekommen ist, der hat eine Ahnung von diesem Glück des Stolzes. Kein Vergleich zu dem »Hochgefühl«, das die erleben, die einfach mit der Seilbahn nach oben gefahren sind. Unbezahlbar ist dieser Moment neben dem Gipfelkreuz, wenn man weiß: »Ich hab es geschafft. Ich weiß nicht wie, aber jetzt bin ich oben und einfach nur glücklich.«

> Wenn wir sehen, was wir zu leisten imstande sind, kann uns das glücklich machen – und zugleich in tiefe Selbstzweifel stürzen.

Es gibt immer wieder Momente, in denen wir zu Recht auf uns stolz sein können, etwa nach einer bestandenen Prüfung in der Schule, nach einem erfolgreich abgeschlossenen Projekt im Beruf, nach einer guten Leistung im Sport oder nach einem anderen gelungenen Auftritt. Wenn wir sehen, was wir zu leisten imstande sind, kann uns das glücklich machen – und zugleich in tiefe Selbstzweifel stürzen. Manchmal gelingt es uns nicht, unseren inneren Schweinehund zu überwinden, sondern umgekehrt: Der Lump überwindet uns. Wir schaffen etwas nicht. Wir versagen. Wir scheitern. Und genau so erleben wir uns: als Versager. Das kann uns fertigmachen, vor allem dann, wenn es immer wieder passiert. Und damit können andere uns fertigmachen. Wir erleben Situationen, in denen Menschen, die es nicht gut mit uns meinen, uns genüsslich und mit Häme einen Spiegel vorhalten, um uns mit unseren Schwächen und Fehlern zu konfrontieren. Dieses Elend, an sich selbst zu zweifeln, alles hinschmeißen zu wollen, kann in tiefe Depressionen stürzen, uns ausbrennen, uns ganz tief das Gefühl einprägen, dass wir überhaupt nichts mehr auf die Reihe kriegen. Wer das erlebt, weiß, wie schwer dies Unglück wiegen kann.

Wenn ein Stern vom Himmel fällt

Es gibt das Glück des Rausches. Dazu braucht es keine Drogen. Man kann so erfüllt sein, beseelt von einem Glücksgefühl, dass die Seele zu zerbersten droht. Als berauschend können wir ein Fest erleben, Begegnungen mit Freunden, ein Spiel. Solche Ausgelassenheit lässt uns alles vergessen, was schwer und schwierig ist. Wir haben den Eindruck, fliegen zu können. Wer tanzt, wer läuft, wer musiziert, hat davon eine Ahnung. Und natürlich gibt es den künstlich erzeugten Rausch, der unmittelbare Schäden nach sich zieht, wenn Alkohol, Nikotin, Crack oder anderer »Stoff« im Spiel ist. Dieses Glück ist nur ein vermeintliches Glück, ein Wolf im Schafspelz, denn es verzeichnet die Realität. Es baut eine Scheinwelt auf, die allzu schnell aufgedeckt wird. So führt es uns in die Irre.

> Dem Glück des Rausches entspricht das Unglück des Erwachens.

Alles, was für uns zur Droge wird, macht uns kaputt. Süchte aller Art nehmen uns die Freiheit und machen uns nicht glücklich. Dem Glück des Rausches entspricht das Unglück des Erwachens. Allzu schnell fällt ein Stern, der uns eben noch bezaubert hat, vom Himmel und hinterlässt einen Meteoritenkrater in unserer Seele, manchmal auch in unserem Körper. Dass wir dennoch danach suchen, zeigt, wie tief die Sehnsucht nach Glück und Hoffnung in uns steckt. Weil wir Suchende sind, werden wir auch immer wieder zu Süchtigen. Wer aber nicht findet, was er sucht, erlebt die Bitterkeit fehlender Befriedigung. Mehr noch: Es fehlt der Friede. Unsere tiefsten Bedürfnisse bleiben ungestillt. Zurück bleibt die Frage: Warum ist das nur so?

Doch so laut und drastisch kommen Glück und Unglück nicht immer daher.

Wenn eine leise Weise Kreise zieht

Es gibt das stille Glück. Wenn alle Lautsprecher abgeschaltet sind, wenn die Partymusik verklungen ist, kein Straßenlärm zu hören ist, keine Maschine brummt, kein Mensch redet, kein Tier schreit, wenn einfach nur Ruhe ist. Vielleicht rauscht das Meer. Vielleicht versinkt die Sonne leise in einem See. Vielleicht singt irgendwo ein Vogel eine leise Melodie. Aber sonst ist nichts zu hören. Alles kommt zur Ruhe, äußerlich und innerlich. Dabei spüren wir in uns eine tiefe Ruhe. Zufriedenheit. Alles ist gut. Dieses stille Glück ist das Gegenteil des Rausches. Es ist nachhaltiger. Es trägt uns weiter. Vielleicht ist es die wertvollste Art des Glücks, die nichts braucht außer Ruhe. Das stille Glück ist anspruchslos, aber gehaltvoll. Wir dürfen einfach da sein, im Reinen sein mit Gott und der Welt. – Aber die Stille kann auch schreien, dann nämlich, wenn uns eine innere Leere bewusst wird.

> Dem stillen Glück entspricht das Unglück der inneren Leere.

Es kann sein, wir merken, wie wenig in uns ist, wenn aller Betrieb einmal Pause macht. Wenn nur noch die Seele auf Sendung geht, kann uns deutlich werden, wie tief unglücklich wir in Wahrheit sind. Weil wir das ahnen, machen wir so viel Rummel und Programm, alles nur, damit es ja nicht leise wird und wir die Stille nicht ertragen müssen. Dem stillen Glück entspricht das Unglück der inneren Leere. Es gibt den Abgrund im Herzen, das gähnende Loch in unserem Innern. Ein Nichts, das uns Angst machen kann. Alle Fragen verhallen in diesem Leerraum, auch die Frage nach dem Warum.

Es kann auch sein, dass plötzlich eine alte Geschichte hochkommt, ein Erlebnis, an dem wir leiden. Schuld kann sich bemerkbar machen, etwas, was wir lange verdrängt haben. Es kommt aus irgendeiner

> Die Stille kann auch schreien, wenn uns unsere innere Leere bewusst wird.

Tiefe an die Oberfläche und meldet sich zu Wort. Wir merken, dass wir nicht im Reinen sind mit der Welt, mit Gott und mit uns selbst. Je stiller wir werden, desto unglücklicher werden wir. Die Frage ist dann:

Wohin mit dem, was uns belastet und uns die Freiheit nimmt?

Wenn Himmel und Hölle um mein Herz streiten

Es gibt schließlich auch das volle Glück. Dieses Glück der Erfüllung ist verwandt mit dem Glück der Stille. Wer auf sein Leben zurückschaut oder wer auch nur einen Moment erlebt, in dem ihm tief bewusst wird, wie umfassend beschenkt er ist – dann ist das ein Stück vom Glück der Erfüllung. In diesem Moment wird uns auch deutlich, wie unverdient unser Lebensglück ist: Dass wir zumindest viele Jahre gesund erleben, dass wir Freunde haben, Menschen, die uns lieben, Kinder, Eltern, eine Familie, dass wir beschenkt sind mit Gütern und haben, was wir zum Leben brauchen, Kleider und Schuhe, Essen und Trinken, ein Dach über dem Kopf und viel, viel mehr dazu. Wenn wir einmal nicht auf den Mangel sehen, auf das, was uns noch fehlt, sondern wenn uns bewusst wird, was wir einfach bekommen haben und täglich neu empfangen – aus einer Hand, die wir gar nicht sehen können, dann ist das ein großes Glück. Dieses Glück hat viel mit der Erfahrung zu tun, dass ich mein Leben als sinnvoll empfinde, auch wenn ich diesen Sinn gar nicht in Worte zu fassen vermag. Eine tiefe Dankbarkeit stellt sich ein. Das Glück der Erfüllung ist ein Stück Himmel – aber es ist nicht unangefochten.

Es gibt andere Mächte und Kräfte, die den Himmel aus dem Herzen vertreiben wollen. Dieses Paradies ist nicht von Dauer. Sorgen schleichen sich ein, Ängste, Zweifel, Wut und Zorn. Ganz schnell ist die Zufriedenheit verschwunden. Der Dank bleibt uns im Hals

> Manche meinen, sie fliegen, und merken gar nicht, dass sie fallen.

stecken und wir wollen mehr. Wir sehen wieder, was uns fehlt. Wir stellen plötzlich fest, dass wir eigentlich gar nichts haben. Alles kommt uns zu wenig vor. Uns geht es wie einem Mann, der sein Haus leer räumt, die Möbel aus den Räumen nimmt, schließlich auch den Teppich vom Boden aufrollt und irgendwann merkt, dass da gar kein Boden darunter ist, der ihn trägt. Es gibt keine Dielen, es gibt kein Fundament, es gibt keinen Halt. Ein einziges Wunder, dass er bisher nicht in den Abgrund mitten in seinem Wohnzimmer gefallen ist. – So kann es uns gehen, wenn uns mit Macht das Gefühl beschleicht, dass unser Leben letztlich keinen Sinn hat, dass wir kein Fundament haben, auf dem wir stehen und das uns trägt.

Wir drohen in den Abgrund der Sinnlosigkeit zu stürzen und zu fallen. Es ist wie in einem Albtraum: Wir leben im freien Fall. Es geht nach unten. Auf uns wirkt nur noch die Schwerkraft. Die Last unseres Lebens zieht uns nach unten. Dabei gibt es manche, die meinen, sie fliegen, und merken gar nicht, dass sie fallen. Wenn wir es aber bemerken, breitet sich Panik in uns aus, vielleicht auch eine tiefe Angst – vor dem Sterben, dem Tod oder vor Gott. Vielleicht weicht diese Angst irgendwann auch und wir finden uns ab damit, dass alles übel enden wird. Warum das so ist? Wer weiß das schon.

Wenn alles seine Zeit hat

Zu den großen literarischen Schätzen der Menschheit zählt das dritte Kapitel des Buches Prediger im Alten Testament der Bibel. Dort schreibt der weise Salomo nach langem Sinnieren über das Glück und Unglück des Menschen:

Alles hat seine Zeit, alles auf dieser Welt hat seine ihm gesetzte Frist: Geboren werden hat seine Zeit, wie auch das Sterben. Pflanzen hat seine Zeit, wie auch das Ausreißen des Gepflanzten. Töten hat seine Zeit, wie auch das Heilen. Niederreißen hat seine Zeit, wie auch das Aufbauen. Weinen hat seine Zeit, wie auch das Lachen. Klagen hat seine Zeit, wie auch das Tanzen. Steine zerstreuen hat seine Zeit, wie auch das Sammeln von Steinen. Umarmen hat seine Zeit, wie auch das Loslassen. Suchen hat seine Zeit, wie auch das Verlieren. Behalten hat seine Zeit, wie auch das Wegwerfen. Zerreißen hat seine Zeit, wie auch das Flicken. Schweigen hat seine Zeit, wie auch das Reden. Lieben hat seine Zeit, wie auch das Hassen. Krieg hat seine Zeit, wie auch der Frieden. Was also hat der Mensch davon, dass er sich abmüht? Ich habe mir die Arbeit angesehen, die Gott den Menschen gegeben hat, damit sie sich damit plagen. Gott hat allem auf dieser Welt schon im Voraus seine Zeit bestimmt, er hat sogar die Ewigkeit in die Herzen der Menschen gelegt. Aber sie sind nicht in der Lage, das Ausmaß des Wirkens Gottes zu erkennen; sie durchschauen weder, wo es beginnt, noch, wo es endet. Von dem her wurde mir klar, dass es das Beste für den Menschen ist, sich zu freuen und das zu genießen, was er hat. Denn es ist ein Geschenk Gottes, wenn jemand isst und trinkt und sich über die Früchte seiner Arbeit freuen kann.

Gott?

Wenn es Gott gibt

Es ist gut, wenn wir diese Frage an Gott richten, auch wenn wir vielleicht gar nicht an ihn glauben oder gar nicht so recht wissen, ob wir nun glauben oder nicht. Ich möchte Sie ermutigen, es einfach einmal zu probieren und zu fragen: »Mein Gott, warum?!« Diese Frage ist wie ein Schrei aus der Seele: »Warum geschieht so etwas? Warum lässt du das zu? Wenn es dich gibt – warum greifst du dann nicht ein und verhinderst das Leid?« Lassen Sie sich einfach einmal ein auf diesen Gedanken und richten Sie diese Frage an Gott, auch wenn Sie ihn nicht kennen. Dabei wird die Warum-Frage noch viel schwerwiegender. Denn wenn wir das Leid ansehen, das es auf dieser Welt gibt, das ganze Elend – Krankheit, Kriege und Katastrophen; Tod, Trennung und Trauer; Erdbeben, Tsunamis und Hunger; Hass, Verfolgung und Terror; Flugzeugabstürze, Verkehrsunfälle und Verbrechen – dann erscheint doch zunächst alles noch schlimmer, wenn es wirklich einen Gott gibt. Wenn dieser Gott wirklich existiert, und wenn er nicht irgendwo weit weg ist in einem Himmel, der mit dieser Welt nichts zu tun hat, dann müsste er doch eingreifen. Oder ist Gott blind? Sieht er das ganze Elend dieser Erde nicht? Ist er vielleicht taub? Hört er die Not und die Ungerechtigkeit nicht, die zum Himmel schreit? Oder hat Gott die Menschen und den Planeten, auf dem sie leben, schon abgeschrieben und wendet sich irgendwo an einem anderen Ende des Universums einer anderen Welt zu? – Man möchte es hinausschreien ins All: »Gott, wo bist du?«

Nun ist es die christliche Überzeugung, dass es einen Gott gibt. Christen und Juden glauben, dass Gott existiert. Das gilt freilich auch für Muslime. Allerdings unterscheiden sich, sobald es über die pure Existenz eines Gottes hinausgeht, die Religionen grundlegend. Denn für Christen spitzt sich die Frage nach dem Leid noch weiter zu. Als Christ glaube ich nämlich

> Für Christen spitzt sich die Frage nach dem Leid noch weiter zu.

nicht nur, dass es einen Gott gibt, sondern ich glaube auch, dass dieser Gott ein persönlicher Gott ist, der mit uns Menschen in Beziehung steht und diese Beziehung möchte.

Gott wird persönlich

Ich glaube an einen Gott, der keine kalte Schulter hat, sondern segnende und helfende Hände. Warum aber hilft er dann nicht? Warum greift er dann nicht ein? – Diese Frage wird umso bedrängender, wenn wir nur einige ganz grundlegende Aussagen der Bibel über das Wesen Gottes heranziehen. Da zeigt sich Gott schon im Alten Testament als einer, der an seinem Volk interessiert ist, der ihr Elend sieht, als das kleine Volk Israel im mächtigen Ägypten als Sklavenvolk gehalten und schwer geschunden wird. »Ich habe dein Elend gesehen und ich habe das Geschrei über deine Bedrängnis gehört«, sagt er da zu Mose (vgl. 2. Mose 3,7). Gott redet ganz persönlich zu Mose und setzt ihn ein als den Mann, der Israel befreien soll. Das heißt doch: Gott sieht das Leid, er hört die Leidenden, und er greift ein und hilft. In der Geschichte Israels, die im Alten Testament, dem ersten Teil der Bibel, erzählt wird, wiederholt sich das mehrfach. Gott wird persönlich. Sicher wird Gott nicht vorgestellt wie eine menschliche Person. Er ist Gott und nicht fehlbar und vergänglich wie ein Mensch, gleichwohl handelt er, er liebt und erwählt sein Volk. Das ist auch das grundlegende Bekenntnis Israels (5. Mose 6,4f), in dem eine persönliche Beziehung zu Gott ausgedrückt wird:

> »Höre, Israel, der Herr ist unser Gott, der Herr allein. Und du sollst den Herrn, deinen Gott, lieb haben von ganzem Herzen, von ganzer Seele und mit aller deiner Kraft.«

So persönlich wie ein Vater

Noch persönlicher wird Gott jedoch im Neuen Testament. Da tritt Jesus auf. Er wird als Sohn Gottes vorgestellt, der vom Himmel auf die Erde gesandt wird, um die Menschen zu retten. Er sei der »Heiland«, also eine Art Retter, der die Verletzten und Verwundeten wieder heil macht. Dieser Jesus von Nazareth, der in einer Handwerkerfamilie in der Provinz aufwächst, stellt uns Gott nun als Vater vor. Zu ihm sollen wir beten, indem wir ihn als Vater ansprechen. Dieser sorge für uns. Er wolle das Beste für uns. Wir bräuchten uns um nichts so sehr zu kümmern wie um die Beziehung zu ihm, dann gelinge unser Leben. Dann seien wir sogar als glückliche Menschen zu preisen. In seiner berühmten Bergpredigt beschreibt Jesus das genauer (Matthäus 5-7). Er sagt, alles komme auf unsere persönliche Beziehung zu Gott an. Zu Gott, dem Vater und zu Gott, dem Sohn – also zu ihm, Jesus, selbst. Ihm dürften wir uns ganz anvertrauen. Auf ihn allein hoffen, das heiße Glauben. Und genau so, sagt Jesus, komme unser Leben zur Erfüllung und wir erreichten das Ziel unseres Lebens, nämlich vollkommene Gemeinschaft mit Gott selbst.

So persönlich wird Gott also. Jesus sagt sogar: »Die Zeit ist erfüllt, und das Reich Gottes ist herbeigekommen. Tut Buße und glaubt an das Evangelium!« (Markus 1,15). Das heißt doch, jetzt ist die Zeit des Leidens zu Ende und

> Ich glaube an einen Gott, der keine kalte Schulter hat, sondern segnende und helfende Hände.

Gottes Zeit bricht an. Umso schmerzlicher ist es, wenn trotzdem noch Krankheit, Tod und Ungerechtigkeit da sind.

Wenn Gott so persönlich ist und eine persönliche Beziehung zu uns Menschen will, und dennoch unvorstellbares Leid in der Welt ist, dann stellt sich eine schwerwiegende Frage: Ist Gott nicht allmächtig?

Wenn das Gebet zur Klage wird — aus Psalm 22

Mein Gott, mein Gott!
Warum hast du mich verlassen?
Warum bist du so fern und
hörst meine Hilferufe nicht?
Jeden Tag rufe ich zu dir, mein Gott,
doch du antwortest nicht.
Jede Nacht schreie ich zu dir,
doch ich finde keine Ruhe.
Und doch bist du heilig.

Israel lobt dich mit seinen Liedern.
Unsere Vorfahren haben dir vertraut,
und da hast du sie befreit.
Du hast ihre Hilferufe gehört und sie gerettet.
Sie haben dir vertraut und wurden nicht enttäuscht.

Ich aber bin ein Wurm und kein Mensch,
ich werde von allen ausgelacht und verachtet!
Wer mich sieht, macht sich über mich lustig,
lacht höhnisch und schüttelt den Kopf:
»Ist das der Mensch, der sich auf den Herrn verlässt?

Dann soll der Herr ihn doch retten!
Wenn der Herr ihn so sehr liebt,
soll er ihn auch befreien!«

Du hast mich sicher aus dem Mutterleib geholt
und mich gelehrt, dir zu vertrauen,
als ich noch ein kleines Kind war.
Seit meiner Geburt bist du mein einziger Halt
und mein Gott seit Beginn meines Lebens.
Entferne dich jetzt nicht von mir,
denn die Not ist nah
und keiner ist da, der mir hilft.

Meine Feinde umringen mich wie eine Herde Stiere,
wie wilde Stiere umzingeln sie mich.
Wie ein brüllender Löwe greifen sie ihre Beute an
und kommen mit aufgerissenem Maul auf mich zu.
Mein Leben ist ausgeschüttet wie Wasser
und meine Knochen haben sich voneinander gelöst.
Mein Herz ist in meinem Inneren wie
zerschmolzenes Wachs.
Mein Körper ist ausgetrocknet wie
eine Scherbe aus Ton.
Meine Zunge klebt mir am Gaumen.
Du hast mich in den Staub gestoßen und
wie tot liegen lassen.

Wie ein Rudel Hunde umkreisen mich meine Feinde
und eine Rotte von Bösen treibt mich in die Enge.
Sie haben mir Hände und Füße durchbohrt.
Alle meine Knochen kann ich zählen.
Meine Gegner sehen mich schadenfroh an.
Sie teilen meine Kleider unter sich auf
und würfeln um mein Gewand.

Aber du, Herr, entferne dich nicht von mir!
Du bist meine Stärke, komm mir schnell zu Hilfe!
Rette mich vor einem gewaltsamen Tod
und beschütze mein kostbares Leben
vor diesen Hunden.
Entreiße mich aus dem Rachen des Löwen
und rette mich vor den Hörnern dieser wilden Stiere.
Du hast mich erhört!

Wenn Gott nicht allmächtig wäre

Das wäre ja zumindest für unser Denken eine Lösung: Gott ist gut und will eine persönliche Beziehung, aber er hat nicht die Macht dazu; er will das Leid nicht, aber er kann es nicht aus der Welt schaffen; Gott ist zu schwach. – Doch so wird uns Gott in der Bibel nicht vorgestellt. Zwar gibt es Mächte und Kräfte, die gegen ihn sind. Bis hinein in die Offenbarung, das letzte Buch der Bibel, ist von solchen Mächten die Rede. Wer Fantasyfilme wie etwa »Der Herr der Ringe« kennt, hat eine Ahnung von dunklen Mächten und Kräften, von denen auch die Bibel spricht. Es gibt eine Art Kampf um die Herrschaft der Welt, aber es ist immer klar, wer der Stärkere ist und wer der Sieger ist. Das hat mehr mit unserer Erlebniswirklichkeit zu tun, als wir vielleicht denken. Es sind solche Mächte, die wir spüren, wenn uns das Leid mit Macht begegnet. Aber die Bibel sagt auch, dass diese Mächte letzten Endes nicht bestehen können, sondern besiegt werden. Gerade das Buch der Offenbarung macht für die Christen – und die frühen Christen, für die dieses Buch in erster Linie verfasst wurde, wurden zum Teil massiv von den Römern verfolgt, waren also durchaus in leidvoller Bedrängnis – deutlich: Unser Gott ist stärker. Er sitzt im Regiment. Am Ende der Geschichte wird nicht der Teufel, werden nicht die Mächte, sondern wird Gott selbst die Oberhand behalten. Und die Offenbarung sagt noch mehr: Mitten im Leiden ist Jesus Christus da und bringt euch durch bis ans Ziel. Daran sollen die Leser sich halten. Jesus verspricht:

> »Fürchte dich nicht! Ich bin der Erste und der Letzte und der Lebendige. Ich war tot, und siehe, ich bin lebendig von Ewigkeit zu Ewigkeit und habe die Schlüssel des Todes und der Hölle.« (Offenbarung 1,17f)

Gott ist allmächtig. Das bekennen Christen sogar in ihrem grundlegenden Bekenntnis, dem sogenannten Apostolischen Glaubensbekenntnis, das auch oft im Gottesdienst gesprochen wird: »Ich glaube an Gott, den Allmächtigen ...«, heißt es da. Aber Allmacht bedeutet nicht, dass Gott alles machen könnte, was ihm gerade so in den Sinn kommt, etwa so, wie wir uns das schon als Kinder denken: »Gott kann ein Auto bauen, das schneller fährt als alle anderen. Gott kann einen Turm bauen, der höher ist als alle anderen ...« Kritische Geister haben diese Art von Allmacht schon oft hinterfragt, zum Beispiel mit der Frage: Kann Gott auch einen Stein machen, der so schwer ist, dass er ihn selbst nicht tragen kann?

Gott und das Auto

Kann er den Stein nicht herstellen, ist er nicht allmächtig. Kann er den Stein, den er gemacht hat, aber nicht tragen, ist er auch nicht allmächtig. Klare Folgerung: Also kann es einen allmächtigen Gott nicht geben. Dieses Spielchen lässt sich in verschiedenen Varianten durchführen. Man kann auch fragen: Kann Gott ein Auto bauen, das so schnell ist, dass er es selbst nicht überholen kann? Kann er das Auto nicht herstellen, ist er nicht allmächtig, kann er es nicht überholen, ebenso wenig. – Nein, diese Art von Allmacht ist dem Glauben fremd. Wir glauben nicht an einen Gott, der eine Art Mischung aus Superman und Spiderman ist. Christen glauben daran, dass Jesus auf diese Erde gekommen ist und einen Weg zum Himmel gebahnt hat. Auch ich persönlich glaube, dass Jesus für mich am Kreuz gestorben ist und auferstanden ist. Er hat den Tod besiegt. Er lebt. Darin liegen seine Allmacht und zugleich meine Hoffnung, denn ich hoffe, dass ich selbst mit ihm ewig leben werde.

Christen glauben, dass Gottes Herrschaft zum Ziel kommt und sich durchsetzen wird. Als Glaubende sind wir noch auf dem Weg dorthin, aber das Ziel steht uns vor Augen, und das Entscheidende ist schon dadurch geschehen, dass Jesus den Tod als Spitze allen Leides überwunden hat. Wir halten uns an den Satz, der auch in der Offenbarung zu finden ist:

> Wir glauben nicht an einen Gott, der eine Art Mischung aus Superman und Spiderman ist.

> »Ich bin das A und das O, spricht Gott der Herr, der da ist und der da war und der da kommt, der Allmächtige.« (Offenbarung 1,8)

Trotzdem, die Frage nach dem Leid ist damit lange nicht erledigt. Wenn Gott allmächtig ist, könnte er doch das Leid beenden. Er könnte Schluss machen damit und alles sofort zum Guten wenden. Das tut er aber offensichtlich nicht. Könnte es sein, dass er es dann gar nicht will? Will er das Gute gar nicht? Könnte es sein, dass Gott zwar allmächtig ist, aber nicht gut?

Wenn Gott nicht gut wäre

Das wäre eine verheerende Vorstellung. Wenn Gott zwar mächtig wäre, aber nicht gut, dann wollte ich nicht an einen solchen Gott glauben. Gott wäre dann eine Art Tyrann, ein himmlischer Diktator, vielleicht ein Zyniker, der sich von oben alles Elend auf der Erde ansieht, ein paar Sprüche dazu klopft, die alles nur noch schlimmer machen. Wenn Gott die Möglichkeit hätte, das Leiden zu wenden und zu beenden, es aber nicht tut, weil er es nicht *will*, dann wäre dieser Gott nicht vertrauenswürdig. Er wäre ein Sadist, der sich heimlich oder gar offensichtlich am Leiden anderer freut. Kein Mensch könnte sich auf ihn verlassen. An ihn zu glauben, sich ihm anzuvertrauen, wäre nicht nur unsinnig, es wäre gar nicht möglich. Denn vertrauen kann ich nur jemandem, der sich mir aufrichtig und wahrhaftig öffnet. Gott aber wäre dann entweder offen bösartig oder ein willkürlicher Herrscher, der je nach Laune mal so und mal ganz anders handelt.

Gott ist kein Sadist

Der Gott, den uns die Bibel vorstellt, ist anders. Er ist verlässlich, wahrhaftig und treu. Er steht zu seinem Wort. Er ist durch und durch gut. Er will das Beste für die Menschen. Diese Güte Gottes zeigt sich bereits bei der Schöpfung. Gott gestaltet alles gut und kommt schließlich, als er seine Schöpfung nach getaner Arbeit betrachtet, zu dem Urteil »sehr gut« (vgl. 1. Mose 1). Gott ist gut. Das ist sein Wesen, an dem sich seit Urzeiten nichts geändert hat. Als die ersten Menschen sich gegen ihn entscheiden und von der einzig verbotenen Frucht im Garten essen, als sie also in Sünde fallen, steht er trotzdem zu ihnen. Er geht ihnen weiter nach und begleitet sie. Die Geschichte von Abraham und seinen Nachkommen steht beispielhaft dafür. Gott will das Heil der Menschen. Er leidet mit an ihrem Leiden. Er nimmt die Last ihres Lebens auf sein Herz. Er gibt seine Gebote, um den Menschen zu zeigen, wie ihr Leben gelingen kann. Wenn sie sich nicht daran halten, also aneinander und vor ihm schuldig werden, ist er bereit zu vergeben. Psalm 103 preist darum Gott als einen, der durch und durch gut ist:

»Barmherzig und gnädig ist der Herr, geduldig und von großer Güte, der dir alle deine Sünde vergibt und heilet alle deine Gebrechen, der dein Leben vom Verderben erlöst, der dich krönet mit Gnade und Barmherzigkeit.« (Psalm 103,8.3.4)

Wie sehr Gott den Menschen zugeneigt ist, zeigt sich auch in einer Liebeserklärung, die er seinem Volk macht:

»Ich habe dich je und je geliebt, darum habe ich dich zu mir gezogen aus lauter Güte.« (Jeremia 31,3)

Gott ist die Liebe

Im Neuen Testament wird dieser Wesenszug Gottes noch deutlicher. Dass der Vater im Himmel seinen Sohn auf die Erde sendet, ist eine Entscheidung der Liebe:

»So sehr hat Gott die Welt geliebt, dass er seinen einzigen Sohn dahingab, damit alle, die auf ihn vertrauen, nicht verloren gehen, sondern ewig leben.« (Johannes 3,16; eigene Übersetzung)

Gott ist die Liebe, heißt es weiter in einem der Johannesbriefe des Neuen Testaments (vgl. 1. Johannes 4,16). Damit ist auf den Punkt gebracht, wie und wer Gott ist. Wenn wir es also mit einem solchen Gott zu tun haben, dann spitzt sich die Frage nach dem Leid noch weiter zu. Wir haben gesehen, dass der Gott der Bibel sowohl allmächtig als auch gut und

> Wenn Gott nicht gut wäre, könnte kein Mensch an ihn glauben.

liebend ist und dass er eine persönliche Beziehung zu uns möchte. Warum um alles in der Welt, möchte man fragen, gibt es dann noch das Leid in der Welt? Dann müsste er das Leid doch wirklich beenden und ein Friedensreich aufrichten. Auch das ist schließlich in der Bibel angekündigt. Wir wollen diesen Fragen nachgehen. Aber noch etwas ist jetzt schon festzuhalten.

Wenn das Leid, das uns widerfährt, nicht auf einen willkürlichen Despoten zurückzuführen ist, wenn Gott also wirklich gut ist und es gut mit uns meint, dann ist allein das schon ein gewisser Trost für viele Leidtragende. Wer etwa krank oder in Trauer ist, für den macht es einen Unterschied, ob das Leiden auf einen himmlischen Tyrannen zurückzuführen ist, dem wir auf Gedeih und Verderb ausgeliefert sind, oder ob es einen Gott gibt, der uns mit liebenden Augen sieht – auch wenn wir nicht verstehen, warum er das Leiden nicht beendet. So kann sich ein Mensch im Leiden noch auf

Gott verlassen und sich ihm anvertrauen. Auch in der Not ist Glauben möglich. Freilich bleibt eine Spannung zwischen dem, was ich glaube, und dem, was ich erfahre. Aber doch ist es eine Spannung, die auch von einer Gewissheit getragen ist: einer Gottesgewissheit. Das heißt, ich erfahre, dass ich falle und leide, aber ich weiß zugleich, dass ich nicht tiefer fallen kann als in Gottes Hände.

Freilich will nicht jeder und jede diese Spannung aushalten. Eine Konsequenz, die viele daraus ziehen, ist es, nicht an Gott zu glauben.

Wenn das Leid unendlich scheint — Psalm 13

Herr, wie lange willst du mich so ganz vergessen?
Wie lange verbirgst du dein Antlitz vor mir?
Wie lange soll ich sorgen in meiner Seele
und mich ängsten in meinem Herzen täglich?
Wie lange soll sich mein Feind über mich erheben?
Schaue doch und erhöre mich, Herr, mein Gott!
Erleuchte meine Augen,
dass ich nicht im Tode entschlafe,
dass nicht mein Feind sich rühme,
er sei meiner mächtig geworden,
und meine Widersacher sich freuen,
dass ich wanke.
Ich aber traue darauf, dass du so gnädig bist;
mein Herz freut sich, dass du so gerne hilfst.
Ich will dem Herrn singen,
dass er so wohl an mir tut.

Wenn es Gott nicht gibt

Es gibt viele, die diese Konsequenz aus dem Leiden ziehen: Es kann keinen Gott geben, der persönlich, allmächtig und gut ist. Der Schmerz und das Leiden sind das größte Hindernis des Glaubens, intellektuell und existenziell. In der europäischen Philosophie wurde die Frage nach dem Leid breit erörtert, nachdem 1755 ein verheerendes Erdbeben Lissabon zerstört hatte.

Am Vormittag des 1. November 1755 erschütterte ein gewaltiger Erdstoß die Stadt. Häuser- und Kirchenmauern zitterten, Dächer, Türme, Gewölbe stürzten ein und begruben Hunderte von Menschen. Viele von ihnen waren zum Gottesdienst in den Kirchen; es war ein Feiertag. Weitere Erdstöße folgten. Panik brach aus. Die Menschen wurden auf den Straßen und in den Gassen von herabfallenden Steinen erschlagen. Am verheerendsten wirkten der dritte und vierte Erdstoß. Feuer brach aus, Kerzen, Öllampen und offene Feuerstellen entzündeten die Trümmerlandschaft. Ein tagelanges Inferno, dem Zigtausende zum Opfer fielen. Einige hatten sich zum Hafen geflüchtet. Dort hatte sich das Wasser zurückgezogen, um in einem gewaltigen Tsunami wiederzukommen. Mehrere über zehn Meter hohe Wellen überschwemmten die Hafenstadt, rissen nieder, was nicht verbrannt war, und zogen viele derer, die bislang überlebt hatten, hinaus aufs offene Meer. Etwa 35 000 Menschen starben, die Stadt war weitgehend zerstört.

Ein Erdbeben erschütterte Europas Denken

Das Erdbeben war auf dem ganzen Kontinent zu spüren, und es erschütterte mehr noch als Häuser und Städte den Glauben der Menschen. Damit beeinflusste es das Denken der Neuzeit maßgeblich. Jahrzehnte später schrieb etwa Johann Wolfgang von Goethe (1749 – 1832) in »Dichtung und Wahrheit«: *»Gott, der Schöpfer und Erhalter Himmels und der Erden [ ] hatte sich, indem er die Gerechten mit den Ungerechten gleichem Verderben preisgab, keineswegs väterlich bewiesen.«*

Der deutsche Dichter Georg Büchner (1813 – 1837) greift in seinem Drama »Dantons Tod« aus dem Jahr 1835 die Frage nach dem Leid auf und bezeichnet sie als »Fels des Atheismus«. Darin heißt es:

»Man kann das Böse leugnen, aber nicht den Schmerz [ ] Warum leide ich? Das ist der Fels des Atheismus. Das leiseste Zucken des Schmerzes, und rege es sich in einem Atom, macht einen Riss in der Schöpfung von oben bis unten.«

Der Fels des Atheismus

Büchner, der selbst nicht einmal 24 Jahre alt wurde, bringt es auf den Punkt. An Gott zu glauben, ist ihm nicht möglich, solange es Schmerz gibt, also solange ich das Leid erfahre in seiner ganzen grauen Macht, die dem Leben die Farben nimmt. Das Leben ist nicht so, wie es eigentlich sein sollte. Es ist nicht nur sehr gut. Zu vieles ist zerbrochen und zerbricht immer wieder. Es geht ein Riss durch die Schöpfung. Genau diese Erfahrung führt die Bibel auf die Sünde zurück, die Trennung von Gott. Büchner sieht die Schmerzerfahrung als tiefsten Grund, nicht an Gott zu glauben. Damit folgt er einer Denkweise, wie sie auch schon in der Antike begegnet.

Dem alten griechischen Philosophen Epikur (341–270 v. Chr.) wird folgendes Zitat zugeschrieben, das aber wohl von einem unbekannten skeptischen Philosophen seiner Zeit stammt:

> »Entweder will Gott die Übel beseitigen und
> kann es nicht:
> Dann ist Gott schwach,
> was auf ihn nicht zutrifft,
> oder er kann es und will es nicht:
> dann ist Gott missgünstig, was ihm fremd ist,
> oder er will es nicht und kann es nicht:
> dann ist er schwach und missgünstig
> zugleich, also nicht Gott,
> oder er will es und kann es,
> was allein für Gott ziemt:
> Woher kommen dann die Übel und
> warum nimmt er sie nicht hinweg?«

Bis heute ist diese Frage eine der wesentlichen Begründungen für die Ablehnung eines jeden Gottesglaubens. So formuliert der Religionskritiker und Atheist Joachim Kahl (geb. 1941): »Der Atheismus findet seine eigentliche Begründung in der Wirklichkeit selbst, in der blut- und tränengetränkten Geschichte des Tier- und Menschenreiches. Wie kann ein angeblich liebender Gott, bei dem kein Ding unmöglich ist, die Lebewesen, die er doch geschaffen hat, so unsäglich leiden lassen? Entweder er ist nicht allmächtig und kann die Leiden nicht verhindern, oder er ist nicht allgütig und will die Leiden nicht verhindern.«[2]

Gerade nach den Schrecken des Zweiten Weltkrieges, nach dem Holocaust, nach Auschwitz werden diese Anfragen an den Glauben drängender denn je. Unzählige Gelehrte sagen daher, es gebe Gott nicht. Viele Theologen sagen sogar, Gott sei tot. Diese Welt verträgt sich nicht mit Gott.

Leben Atheisten leichter?

Massiv tritt diese Argumentation auf. Es ist gut, sich ihr auszusetzen und sie nicht gleich vom Tisch zu wischen. Wer so an Gott zweifelt, macht es sich nicht leicht. Wer so Gottes Existenz bestreitet, hat eine Sehnsucht danach, glauben zu können, auch wenn diese Sehnsucht manchmal kaum mehr wach zu sein scheint- ist sie doch längst einer zynischen Haltung gewichen und umgeschlagen in eine Angriffslust gegen alle, die dennoch am Glauben festhalten. Nun haben wir bereits gesehen, dass es nach dem Zeugnis der Bibel nicht möglich ist, eine der Eigenschaften

Gottes zu streichen: Dass er uns persönlich begegnet, allmächtig und gut ist, gehört zum Grundbestand des christlichen Glaubens. Für denjenigen, der auf diesen Gott vertraut, bleibt eine ungeheure Spannung bestehen zwischen dem, woran er glaubt, worauf er hofft, und dem, was er erlebt. Ein Atheist hält diese Spannung nicht aus. Aber ich frage zurück: Hat er es besser?

Wer keinen Gott hat, hat auch keinen Trost im Leiden. Wer keinen Gott kennt, kennt auch keine Hoffnung. Wer sich nicht auf Gott verlässt, ist im Tiefsten seiner Existenz verlassen. Es gibt eine Einsamkeit, die tiefer reicht, als von Menschen verlassen und isoliert zu sein. Schlimmer, als mit niemandem reden zu können, ist es, nicht mehr beten zu können. Es gibt eine Leere, die umfassender ist als die offenen Fragen des Glaubens. Schlimmer, als Gott Fragen entgegenzuschreien, ist es, wenn meine verzweifelten Schreie im Nichts verhallen. Es gibt ein Elend, das schmerzlicher, verheerender und menschenunwürdiger ist als der Schmerz des Zweifelns und Fragens. Schlimmer als der Zweifel an Gottes Güte ist das vermeintliche Wissen um das Nichts.

> Schlimmer, als mit niemandem reden zu können, ist es, nicht mehr beten zu können.

»Ich möchte kein Atheist sein«

Worauf soll ich denn hoffen, wenn ich weiß, mit dem Tod ist alles aus? Wem soll ich denn das Leid klagen, wenn ich glaube, dass der Himmel leer ist? Worauf soll ich mich denn verlassen, woran soll ich mich halten, wenn es keinen Halt und nichts Verlässliches gibt? – Nein, ich möchte kein Atheist sein. Ich möchte nicht als Ungläubiger leben und schon gar nicht als Ungläubiger sterben. Das sage ich nicht nur, weil mein Glaube vielleicht eine psychologische Hilfe wäre, um mit dem Leben besser klarzukommen. Das sage ich vor allem deshalb, weil mich eine tiefe Gewissheit trägt, die mir noch von keinem Atheisten geraubt werden konnte. Die Nichtexistenz Gottes hat sich mir noch nicht erschlossen. Dass es Gott nicht gibt, ist mir schlicht nicht plausibel. Dagegen erschließt er sich mir immer wieder neu. Zu vieles spricht für ihn, denn zu deutlich spricht er zu mir. Zu sehr bin ich von ihm angesprochen, als dass ich mich auf den Unglauben einlassen könnte. Ich gestehe gerne: Dafür bin ich von Herzen dankbar. Denn dass ich glauben kann, das ist ein Geschenk. Ich kann meinen Glauben nicht machen, nicht erzwingen, nicht herstellen. Er wird nur immer wieder angeregt und neu belebt, durch das Lesen der Bibel, die Begegnung mit anderen Christen, durch gemeinsame Lieder und Gebete. So hoffe ich, dass ich zeit meines Lebens mit dem Schreiber von Psalm 73 beten kann:

»Dennoch bleibe ich stets an dir;
denn du hältst mich bei meiner rechten Hand,
du leitest mich nach deinem Rat
und nimmst mich am Ende mit Ehren an.
Wenn ich nur dich habe,
so frage ich nichts nach Himmel und Erde.
Wenn mir gleich Leib und Seele verschmachtet,
so bist du doch, Gott, allezeit meines Herzens
Trost und mein Teil.
Das ist meine Freude, dass ich mich zu Gott halte
und meine Zuversicht setze auf Gott den Herrn,
dass ich verkündige all dein Tun.«

Wenn das Leid erklärt wird

Es gibt nun manche Menschen, die dem Leiden irgendetwas Gutes abgewinnen, es so erklären und damit irgendwie rechtfertigen wollen. Verschiedene Erklärungsversuche gibt es, letztlich scheitern alle.

»Womit habe ich das verdient?«

So fragen sich viele, die selbst von persönlichem Leid betroffen sind, und suchen ernsthaft nach Schuld in ihrem Leben: »Irgendetwas muss ich getan haben, dass es mir nun so ergeht. Mein Leiden ist eine Strafe für etwas, was ich verbockt oder verbrochen habe.« Damit kann man sich quälen und martern. Schlimmer noch ist es, wenn man selbst nicht betroffen ist, aber anderen Leidtragenden so begegnet: »Du musst irgendetwas Böses getan haben, darum musst du jetzt so leiden!« Manche gehen noch weiter und schreiben die Schuld den Vorfahren zu. Deren Fehlverhalten wird als Ursache herangezogen für das jetzige Leiden. Es wird als nahezu magische Folge einer Belastung angesehen, die nun getragen werden müsse oder von der irgendwie eine Befreiung herzustellen sei.

Diese abergläubische Haltung klingt vermessen, ist aber tatsächlich sehr verbreitet. Aus christlicher Sicht ist dazu zu sagen: Die Bibel kennt sehr wohl einen umfassenden Zusammenhang von Schuld und Leiden, aber sie verbietet ein persönliches Verrechnen. Auf den Einzelnen bezogen, ist es nicht angemessen und grundverkehrt, solche Gedanken anzustellen. Diese Vergeltungsmathematik geht nicht auf. Auch Jesus selbst weist diese Frage zurück. Als er und seine Jünger einem blind geborenen Menschen begegnen, fragen die Jünger ihn, wer denn nun gesündigt habe, dieser

> Die Bibel kennt sehr wohl einen umfassenden Zusammenhang von Schuld und Leiden, aber sie verbietet ein persönliches Verrechnen.

Mensch selbst oder seine Eltern. Jesus antwortet schlicht: Keiner von beiden. Niemand ist schuld. Diese Frage steht nicht an. Ihr habt den falschen Blick auf die Situation dieses Menschen (vgl. Johannes 9,1-3).

»Frage nicht warum, frage wozu!«

Ein anderes Erklärungsmuster ist noch weiter verbreitet: »Frage nicht warum!«, heißt es dann, »Frage besser wozu!« Es hat alles schon irgendwie seinen Sinn, wird dann behauptet. Man sehe ihn noch nicht, man begreife es noch nicht, aber irgendwann werde man alles verstehen.

Das mag manchem helfen. Gewiss gibt es Menschen, die – zum Beispiel nach einer Krankheit – sagen können, was diese schwere Lebensphase ihnen an persönlichem Gewinn gebracht hat. Auch ich kenne einige Menschen, Christen, die ganz erstaunlich dankbar sind trotz einer Behinderung oder einer schweren Krankheit. Eine spastisch gelähmte Frau sagt etwa: »Trotz meiner Behinderung lebe ich gern und bin froh und glücklich.« Manche können auch im Nachhinein bezeugen, wie sie ein sogenannter Schicksalsschlag vor Schlimmeren bewahrt hat: »Dadurch bin ich gereift. Ich bin dankbar für diese schwere Zeit.« Es ist ein Geheimnis, dass manche nach einer schweren Zeit dem zustimmen und das unterschreiben können, was Paulus an die Römer schreibt: »Wir wissen aber, dass denen, die Gott lieben, alle Dinge zum Besten dienen« (Römer 8,28). Doch man hüte sich davor, dies einem Menschen in Not zu sagen: »Es dient letztlich zu deinem Besten!« Härter und unsensibler kann man kaum reden.

So wenig hilfreich dieses Erklärungsmuster in der konkreten Leidenssituation eines einzelnen Menschen ist, so wenig können wir auf diese Weise das Leid der Welt erklären und die Frage nach dem Warum beiseiteschieben. Denn es gibt so viel sinnloses Leiden. Welchen Sinn hat es zum Beispiel, dass mein Nachbar so schwer krank wurde und so schnell sterben musste? Das kann kein Mensch ernsthaft sagen wollen, dass dieses Ergehen für irgendetwas gut und damit auch in seiner ganzen Härte gerechtfertigt gewesen wäre. Welchen Sinn hat es, dass in Brasilien und vielen anderen Ländern Tausende von Menschen unter menschenunwürdigen Bedingungen leben und allzu früh sterben? Welchen Sinn hat es, dass jeden Tag auf dieser Welt Kinder qualvoll verhungern? – Nein, die Frage nach dem Wozu führt nicht weiter. Es gibt so viel entsetzliches und sinnloses Leiden auf dieser Welt. Es gibt so viel Elend, bei dem es geradezu vermessen und zynisch wäre, ihm irgendeinen höheren Zweck zuzuordnen. Wir können das Lei-

> Man hüte sich davor, einem Menschen in Not zu sagen: »Es dient letztlich zu deinem Besten!«

den auf der Welt nicht von seinem Sinn her erklären. Das Warum bleibt. So lässt sich die Frage nach dem Leid nicht wegwischen.

»Der Teufel ist schuld«

Das ist noch so ein Erklärungsversuch: Für Sonnenschein und Sahnetorte ist der liebe Gott verantwortlich, Regenzeiten und Bauchschmerzen werden dem Teufel zugeschrieben. Wenn mir Gutes widerfährt, danke ich Gott. Wenn mir etwas zustößt, hat mir Satan ein Schnippchen geschlagen. Für Gehaltserhöhungen, Hochzeiten und andere Freuden werden die Engel bemüht, dagegen müssen bei Krankheit, Verlusten und Liebeskummer die Dämonen und andere Höllenbewohner am Werk gewesen sein. – Nein, diese doppelte Weltsicht lässt sich mit der Bibel nicht begründen. Zwar gibt es durchaus Mächte und Kräfte, die gegen Gott auftreten, aber sie sind nie auf gleicher Ebene mit Gott. Der Teufel bleibt *Gottes* Teufel, kann Martin Luther sagen. Und er hat recht damit. Denn Gott ist der Herr, der Allmächtige. Das haben wir oben schon gesehen. Es gibt nicht zwei Götter oder zwei Mächte, denen wir wie ein Spielball ausgeliefert wären.

Wenn Religion und Revolution dem Leid begegnen

So wenig hilfreich es ist, das Leiden auf dieser Welt erklären zu wollen, so sinnvoll ist es doch, zumindest zwischen zwei Arten des Leides zu unterscheiden. Es ist ein Unterschied, ob ein Mensch durch einen Terroranschlag gezielt getötet wird oder infolge einer Krebserkrankung stirbt. Zwischen Kriegen und Krankheiten, zwischen einem gezielten Mord und einer Naturkatastrophe muss unterschieden werden.

Das moralische Übel

Es gibt zunächst das Übel, das durch Menschen verursacht und somit auch von Menschen zu verantworten ist. Wir können es »das moralische Übel« nennen. Dazu gehören Verbrechen jeglicher Art, alle Folgen von Hass, Habgier und Heuchelei, aber auch etwa das Leiden von vielen armen Menschen, die schlichtweg ausgebeutet werden und von den Machthabern ihrer jeweiligen Gesellschaft keine Chance bekommen. Dazu gehören die Opfer der Globalisierung in vielen Entwicklungsländern, denen wir – die wir aus den reichen Industriestaaten kommen – und unser Wirtschaften keine Möglichkeit zu einem besseren Leben eröffnen. Dazu gehört auch die Tatsache, dass wir nicht in der Lage sind, die Güter auf dieser Welt gleichmäßig zu verteilen. Dazu gehören die Opfer von Kriegen und Terroranschlägen. Keine Frage, es gibt viel Leiden auf dieser Welt, das auf menschliches Handeln zurückgeht und mit der Schuld anderer zu tun hat.

Da können wir fragen: Soll dafür Gott zur Rechenschaft gezogen werden, wenn doch Menschen die Verantwortung tragen? Diese Anfrage ist berechtigt. Viel Leiden in dieser Welt hat offensichtlich damit zu tun, dass wir Menschen aneinander schuldig werden und uns gegenseitig buchstäblich Not machen. Daran zeigt sich, dass wir jenseits von Eden leben und weit weg sind vom Himmel. In uns steckt das Böse, wir sind getrennt von Gott. Zugleich bleibt dennoch die Frage: Warum lässt Gott das zu? Warum beendet er die Leidensgeschichte dieser Welt nicht?

> Viel Leiden in dieser Welt hat damit zu tun, dass wir Menschen aneinander schuldig werden.

Das natürliche Übel

Von diesem moralischen ist »das natürliche Übel« zu unterscheiden. Dazu gehört alles Leiden, das nicht auf die Entscheidungen und Handlungen von Menschen zurückzuführen ist. Alle Naturkatastrophen sind hier anzuführen, viele Krankheiten und Unfälle, die ohne Schuld eines Beteiligten zustande kommen. Hier ist umso mehr zu fragen: Warum geschieht das? Warum hat die herrliche Natur, die vor Leben strotzt, zugleich diese zerstörerische und alles Leben vernichtende Seite? Warum lässt der Schöpfer solche Dinge in seiner Schöpfung geschehen?

Die Antworten der Religionen

Die großen Religionen und Philosophien drehen sich um diese Frage – und scheitern weitgehend an ihr. Auf verschiedene Arten und Weisen versuchen sie, einen Lösungsweg aufzuzeigen. So sagt etwa der Hinduismus: »Halte aus und bewältige dein persönliches Karma, also die Schicksalslast deines Lebens. Dann wirst du irgendwann einmal frei und eins mit der Weltseele.« Der Buddhismus rät: »Löse dich ganz vom irdischen Leben. Löse dich. Meditiere, als wärst du nicht hier. Erst wenn dein Lebenswille überwunden ist, gehst du ein ins Nirwana, ins ewige, selige, leidenslose Nichts.« Und zumindest ein radikaler Islam hält fest, dass nur die totale Weltverachtung der Märtyrer ein sicheres Ende des Leidens im Jenseits bringt. Eine Heilsgewissheit für alle Glaubenden gibt es nicht. Dafür ist Allah zu weit weg, zu erhaben und zu erhoben.

Auch die alten Griechen suchten ihren Weg, mit dem Leiden umzugehen. So strebten etwa die Anhänger der Philosophenschule der Stoa die absolute Gleichgültigkeit gegenüber dem Leiden an: »Was immer dir auch widerfährt, ertrage es gelassen! Jammere nicht! Klage nicht! Nimm es gelassen hin!« Unerschütterlich und mit sprichwörtlich gewordener stoischer Ruhe sollte man dem Leid entgegentreten. Ihr Ideal war die *ataraxia*, die Apathie, die völlige Leidenschaftslosigkeit. Für die Griechen aller philosophischen Richtungen war überdies klar, dass Gott nicht leiden kann. Es war geradezu ein Kennzeichen Gottes, dass er nicht leidet.

Rebellion statt Religion

Freilich ist diese Darstellung der Religionen nun mehr als verkürzend – klar ist jedoch: Alle Weltanschauungen und Glaubensrichtungen versuchen auf ihre Art, dem Leiden in der Welt zu begegnen. Eine befriedigende Antwort auf die Frage, warum Gott das Leid zulässt und wie es überwunden werden kann, gibt keine Religion. Das vermögen auch nicht die Weltanschauungen, die gegen das Leid in der Welt zu kämpfen versuchen. Der Kommunismus und verschiedene sozialistische Initiativen setzen nicht auf Religion, sondern auf Rebellion und Revolution. Sie schreiten zur Tat. Im Namen der Gerechtigkeit brechen sie auf gegen die Unrechtsregime dieser Welt – und richteten damit nicht selten neue Herrschaftssysteme auf mit Ausgrenzung, Unterdrückung und noch mehr Leiden. Dafür gibt es genügend Beispiele in der Geschichte. Keiner dieser Aufbrüche vermochte es, das Leid auch nur ansatzweise zu verringern oder gar aus der Welt zu schaffen. Religion und Rebellion sind letztlich zum Scheitern verurteilt.

Was aber ist die Antwort der Christen?

Wenn am Ende der Zeit alle zurücksehen

Ich möchte Ihnen eine kleine Geschichte erzählen, die in diesem Zusammenhang schon öfter aufgeschrieben und weitererzählt wurde.[3] Es ist eine Legende, die uns tiefer sehen lässt. Lassen Sie sich darauf ein und lesen Sie von der Gerichtsverhandlung am Ende der Zeit.

Die Gerichtsverhandlung

Am Ende der Zeit versammeln sich Millionen von Menschen; vielleicht sind es Milliarden. Eine riesige Masse. Eine Versammlung, wie es sie noch nie zuvor gegeben hat. Schwarze, Weiße, Alte, Junge, Männer, Frauen. Sie alle stehen auf einer großen Ebene – gegenüber dem Thron Gottes. Sie sind gespannt. Manche haben zittrige Knie, manche feuchte Hände und trockene Kehlen. Viele von ihnen schauen ängstlich in das helle Licht, das ihnen entgegenstrahlt vom Thron Gottes her. Andere starren teilnahmslos vor sich hin.

Manche stehen starr und stolz, sie denken nicht daran, sich jemals vor irgendjemandem zu beugen und niederzuknien. So stehen sie alle da und warten.

Einige unter ihnen scheinen aufgeregt zu sein. Sie beginnen sich zu unterhalten. Ihr Gespräch wird immer hitziger. Von Weitem schon sieht man ihre erröteten Köpfe, die wild gestikulierenden Arme. Und wenn man etwas näher herantritt, dann hört man sie reden. Sie schimpfen. Sie diskutieren und lamentieren; manche fluchen sogar. Das helle Licht scheint sie nicht zu beeindrucken.

»Wie kann Gott über uns zu Gericht sitzen?«, faucht einer.

»Was versteht der schon von unserem Leiden?«, giftet ein anderer.

»Der hat doch keine Ahnung!«, pflichtet ihm eine junge Frau bei. Sie spricht ruhig und leise, wirkt dabei innerlich abwesend, fast unbeteiligt. Nur kurz blickt sie auf, um dann wieder den Kopf zu senken. Schweigend schiebt sie den Ärmel hoch und zeigt eine eintätowierte Nummer aus einem Konzentrationslager, ein schlichtes Zeugnis furchtbarer Er-

Zunächst ist es totenstill. Dann entsteht ein Tuscheln, ein Flustern und Zischeln, schließlich bricht ein regelrechter Tumult aus.

lebnisse und schrecklichen Leidens. Mehr muss sie nicht sagen.

Die Umstehenden erschaudern. Zunächst ist es totenstill. Dann entsteht ein Tuscheln, ein Flüstern und Zischeln, schließlich bricht ein regelrechter Tumult aus.

Ein farbiger junger Mann eilt herbei. Erst sagt er nichts. Er reißt nur seinen Hemdkragen auf, als wollte er sagen: Schaut euch das an! An seinem Hals sieht man grässliche Spuren eines Stricks, der sich tief in sein Fleisch geschnitten hat.

»Gelyncht haben sie mich, weil ich schwarz bin«, erklärt er schroff.

Die Verbitterung in seinen Worten ist unüberhörbar. Weinen kann er nicht mehr. All seine Tränen hat er längst vergossen. Sein Leben und sein Sterben haben ihn hart gemacht. Trotzdem beginnt er zu erzählen:

»Auf Sklavenschiffe hat man uns verfrachtet. Von unseren Liebsten hat man uns getrennt. Meine Frau haben sie vergewaltigt. Ich musste es mit ansehen. Meine Kinder haben sie erschlagen, sogar unser Baby haben sie zu Tode geprügelt vor meinen Augen. Ich musste arbeiten bis zum Umfallen. Als ich nichts mehr wert war, haben sie den Strick genommen, mich verspottet und aufgehängt.«

Nach diesen Worten gibt es kein Halten mehr. Die Umstehenden sind erschüttert und aufgewühlt zugleich. Wut breitet sich aus. Überall auf der Ebene machen sich jetzt Ärger und Trauer Luft. Vorwürfe werden laut, Anklagen werden formuliert, Fäuste werden geballt. Sie richten sich alle gegen einen.

Die Anklage gegen Gott

Jeder richtet seine Klage gegen Gott. Er hat doch das Böse zugelassen. Er hat doch das ganze Leid geschehen lassen. Er hat doch alles mit angesehen, er hat zugesehen und dann weggesehen. Natürlich, er hat es ja gut – da oben auf seiner Wolke sieben. Ein Leben im Licht. Keine Spur vom Elend auf der Erde. Er wohnt in seinem himmlischen Prachtpalast. Alles ist schön und herrlich und gut. Nichts von dem Hunger und dem Hass auf der Welt. Kann sich dieser Allerweltsherrscher überhaupt vorstellen, was ein Mensch auf der Erde erdulden muss? Was weiß er denn schon vom Leben, vom richtigen Leben auf der Erde?! – Nichts weiß er, sind sich alle einig. Keine Ahnung hat er, der Himmlische, keine Ahnung vom Irdischen.

Plötzlich kommt Bewegung in die Masse. Die Menschen laufen hierhin und dorthin, die Menge sortiert sich; nach und nach bilden sich Gruppen. Schnell zeigt sich, es sind Leidensgruppen, Schicksalsgemeinschaften. Immer diejenigen tun sich zusammen, die Ähnliches erlebt und erlitten haben. Jede Gruppe wählt einen Sprecher. Immer ist es derjenige, der am meisten gelitten hat. So formiert sich eine gewaltige Front gegen den, der noch immer nicht zu sehen ist, gegen den Richter, dessen Recht zu richten immer mehr infrage gestellt wird.

Da stehen nun eine Jüdin, ein schwarzer Sklave, ein Unberührbarer aus Indien, ein Mädchen, das unehelich geboren wurde, ein entstellter Leprakranker, ein Opfer aus Hiroshima, ein weiteres aus Bagdad, ein Flüchtling aus Afrika, jemand aus einem Arbeitslager in Sibirien, ein Erdbebenopfer aus Mittelamerika.

Diese Sprecher treffen sich. Sie diskutieren aufgeregt miteinander, sie verhandeln lange, sie tauschen sich aus und werden sich einig. Schließlich fassen sie einen folgenschweren Entschluss, sie formulieren eine Anklage.

Der Sachverhalt ist eindeutig und einfach: Bevor Gott ein Recht dazu haben soll, über sie zu richten, soll er erst einmal all das ertragen und erleiden, was sie selbst ertragen und erleiden mussten.

Das Urteil

Ihr Urteil sieht Folgendes vor: Gott soll dazu verurteilt werden, auf der Erde zu leben als ein Mensch. Aber da Gott ja Gott ist, stellen sie bestimmte Bedingungen auf. Er soll nicht die Möglichkeit haben, sich aufgrund seiner göttlichen Natur selbst zu helfen. Nein, er soll alles in totaler menschlicher Schwachheit ertragen.

Damit das gewährleistet ist, soll seine irdische Existenz folgende Bedingungen erfüllen:

- Er soll als Jude geboren werden, als Teil des Volkes also, das durch die Jahrhunderte wie kein anderes gelitten hat und verfolgt worden ist.
- Die Umstände seiner Geburt sollen zweifelhaft sein; keiner soll genau darüber Bescheid wissen; als unehelicher Bastard soll er auf die Welt kommen.
- Trotz dieser miserablen Herkunft soll er versuchen, den Menschen zu erklären, wer Gott ist und wie gut er es meint.

- Ja, er soll ein guter Mensch sein. Aber dann soll er von einem seiner engsten Freunde verraten werden.
- Und dann soll er tiefe Ungerechtigkeit und Verachtung am eigenen Leib und an der eigenen Seele zu spüren bekommen.
- Aufgrund falscher Anschuldigungen soll er angeklagt werden. Vor ein voreingenommenes Gericht soll er gestellt werden, und von einem korrupten und feigen Richter soll er verurteilt werden.
- Er soll erfahren, was es heißt, von allen verachtet, verspottet, verhöhnt zu sein. Er soll erleben, was es heißt, einsam, völlig allein zu sein, verlassen von Gott und der Welt.
- Er soll sterben, ja er muss die Todesstrafe erleiden. Aber nicht kurz und schmerzlos. Nein, er soll gequält und gefoltert und bespuckt werden – und das in aller Öffentlichkeit.
- Zur Schau gestellt vor aller Welt. Alles muss so schrecklich sein, dass kein Zweifel an seinem Tod aufkommen kann. Eine riesige Menge von Zeugen soll es miterleben.

So stehen sie also da und verkünden ihr Urteil, jeder Sprecher spricht einen Teil für seine

Gruppe. Aller Zorn, aller Hass, die Wut der ganzen Menschheit entlädt sich in diesem Urteil.

Nachdem der letzte Sprecher ausgesprochen hat, stehen sie da und warten auf Gott, den Richter, für den sie ein vernichtendes Urteil bereithaben. Dabei schreien sie wie wild. Die ganze Menge ist aufgewühlt und brüllt in einem wilden Rhythmus. Sie recken die Faust, und in einem ekstatischen Chor schreien sie Gott ihren Hass entgegen: »Richtet ihn! Richtet ihn!«, schreien sie. Immer wieder diese Sprechchöre: »Richtet ihn!«

Doch mit einem Schlag sind alle still. Ein urplötzliches Schweigen. Von der ganzen Menge nichts mehr zu hören. Kein Ton. Kein Geräusch. Kein einziges Räuspern.

Alle halten den Atem an – betroffen, entsetzt, beschämt.

In diesem Moment besteigt Gott, der Richter, den Thron.

Eine lange tiefe Stille.

Mit einem Mal wissen alle: Gott hat die Strafe schon längst auf sich genommen, denn der Richter ist Jesus Christus, der gekreuzigte Gottessohn aus Nazareth.

Wenn einer für alle stirbt

Die Geschichte des Jesus von Nazareth wird in den Evangelien erzählt, auch sein Prozess und seine Hinrichtung. Der Evangelist Markus berichtet in seinem 15. Kapitel Folgendes:

Jesus wird vor Pilatus verhört

Früh am nächsten Morgen traten die obersten Priester, führende Männer des Volkes und Schriftgelehrte – der gesamte Hohe Rat – zusammen, um über das weitere Vorgehen zu beraten. Sie fesselten Jesus und brachten ihn zu Pilatus, dem römischen Statthalter. Pilatus fragte Jesus: »Bist du der König der Juden?« Jesus erwiderte: »Ja, es ist, wie du sagst.« Daraufhin legten die obersten Priester Jesus zahlreiche Verbrechen zur Last. Pilatus fragte ihn: »Hast du nichts dazu zu sagen? Siehst du nicht, was sie alles gegen dich vorbringen?« Doch zum großen Erstaunen von Pilatus schwieg Jesus. Nun war es Brauch, dass der Statthalter jedes Jahr zum Passahfest einen Gefangenen freiließ, den das Volk selbst bestimmen durfte. Einer der Gefangenen zu dieser Zeit war Barabbas, der bei einem Aufstand zusammen mit anderen des Mordes überführt worden war. Eine große Menschenmenge bedrängte nun Pilatus und bat ihn, wie üblich einen Gefangenen freizulassen. »Soll ich euch den König der Juden geben?«, fragte Pilatus. Denn Pilatus erkannte, dass die obersten Priester Jesus nur aus Neid verhaftet hatten. Doch nun hetzten die obersten Priester das Volk dazu auf, die Freilassung von Barabbas statt von Jesus zu fordern. »Wenn ich Barabbas freilasse«, fragte Pilatus sie, »was soll ich dann mit diesem Mann tun, den ihr den König der Juden nennt?« Sie schrien: »Kreuzige ihn!« »Warum?«, fragte Pilatus. »Was hat er denn verbrochen?« Aber die Menge schrie nur noch lauter: »Kreuzige ihn!« Da ließ Pilatus, weil er dem Volk gefallen wollte, Barabbas frei. Er ließ Jesus auspeitschen und übergab ihn dann den römischen Soldaten zur Kreuzigung.

Die Soldaten verspotten Jesus

Die Soldaten brachten Jesus in das Prätorium, den Palast des römischen Statthalters, und riefen alle anderen Soldaten zusammen. Sie zogen ihm ein purpurfarbenes Gewand an und setzten ihm eine geflochtene Dornenkrone auf den Kopf. Dann salutierten sie und riefen: »Sei gegrüßt, König der Juden!« Und sie schlugen ihn mit einem Stock auf den Kopf, spuckten ihn an und knieten nieder und huldigten ihm. Als sie genug davon hatten, ihn zu verspotten, zogen sie ihm das Purpurgewand wieder aus und zogen ihm seine eigenen Kleider an. Dann führten sie ihn ab, um ihn zu kreuzigen.

Die Kreuzigung

Ein Mann – er hieß Simon und stammte aus Kyrene –, kam gerade von den Feldern zurück. Ihn zwangen sie, für Jesus das Kreuz zu tragen. Sie brachten Jesus an einen Ort, der Golgatha heißt, das bedeutet »Schädelstätte«. Dort wollten sie ihm Wein geben, der mit Myrrhe vermischt war, aber er nahm ihn nicht. Dann nagelten sie ihn ans Kreuz. Sie verlosten seine Kleider, indem sie darum würfelten, was jeder bekommen sollte. Es war neun Uhr morgens, als sie ihn kreuzigten. Über seinem Kopf wurde ein Schild am Kreuz befestigt, auf dem stand, wofür er angeklagt worden war. Die Aufschrift lautete: »König der Juden«. Zusammen mit ihm wurden zwei Verbrecher gekreuzigt; ihre Kreuze standen rechts und links von ihm. Die Leute, die vorbeigingen, schüttelten den Kopf und verspotteten ihn: »Ha! Du kannst doch den Tempel zerstören und in drei Tagen wieder aufbauen, oder? Nun, dann rette dich doch selbst und steig vom Kreuz herab!« Auch die obersten Priester und Schriftgelehrten machten sich über Jesus lustig. »Andere hat er gerettet«, lästerten sie, »aber sich selbst kann er nicht helfen! Dieser Christus, dieser König Israels, soll er doch vom Kreuz heruntersteigen, sodass wir es sehen und ihm glauben können!« Selbst die beiden Verbrecher, die mit Jesus zusammen gekreuzigt wurden, verhöhnten ihn.

Jesus stirbt

Gegen Mittag legte sich eine Finsternis über das ganze Land, die drei Stunden anhielt. Dann, um drei Uhr, rief Jesus mit lauter Stimme: »Eli, Eli, lama asabtani?«, das bedeutet: »Mein Gott, mein Gott, warum hast du mich verlassen?« Einige von den Leuten, die dabeistanden, verstanden ihn falsch und dachten, er rufe den Propheten Elia. Einer von ihnen aber lief, tränkte einen Schwamm mit Weinessig, steckte ihn auf einen Stab und hielt ihn Jesus hin, damit er davon trinken konnte. »Wartet. Wir wollen sehen, ob

Elia wirklich kommt und ihn herunterholt!«, sagte er. Da schrie Jesus laut auf und starb. In diesem Augenblick riss der Vorhang im Tempel von oben nach unten entzwei. Der römische Hauptmann, der dem Kreuz gegenüberstand und mit angesehen hatte, wie Jesus gestorben war, rief aus: »Ja, dieser Mann war wirklich Gottes Sohn!«

Wenn Gott da ist —
mitten im Leid

So also antwortet Gott auf unsere Frage. Er stellt sie selbst. Er schreit sie selbst hinaus in die Nacht: »Mein Gott, mein Gott, warum hast du mich verlassen?!« Es ist das alte Gebet aus Psalm 22, das so viele Verzweifelte gebetet haben. Der Sohn Gottes selbst ist von Gott verlassen.

Gott sitzt nicht auf »Wolke sieben«

Gott schaut sich die Welt nicht nur von oben an, von Wolke sieben, aus himmlischer Ferne. Er sieht unserem Leiden auf der Erde nicht ungerührt zu und gibt ein paar mehr oder weniger hilfreiche Ratschläge. Die Bibel ist kein Ratgeber, zumindest nicht in erster Linie. Sie erzählt vielmehr Gottes Geschichte mit uns Menschen. Ich empfinde es als ungemein wohltuend, dass Gott nicht als Außenstehender über unser Leiden spricht. Er kommt hinein in das Leid. Davon erzählt das Neue Testament.

Gott überlässt die Menschen, die er geschaffen hat, nicht sich selbst. Er überlässt uns nicht unserem Schicksal. Er kommt – vom Himmel hoch – hinunter auf diese Erde. In Bethlehem wird er geboren. Kein roter Teppich wird für ihn ausgerollt, vielmehr kommt er in einem Stall zur Welt, zwischen Ochs und Esel, zwischen Ungeziefer und Misthaufen. Er lebt ein normales

> Ich empfinde es als ungemein wohltuend, dass Gott nicht als Außenstehender über unser Leiden spricht.

Leben in einer durchschnittlichen Familie, lernt ein Handwerk. Er tut nur Gutes, er heilt Kranke, er hilft Ausgestoßenen. Er redet davon, was Gott will, und ruft dazu auf, ihm zu folgen und gerecht zu leben.

Dann wird ihm der Prozess gemacht, ein falscher, hinterlistiger Prozess. Einer seiner Freunde liefert ihn für 30 Silbergroschen an die Machthaber aus, die ihn von der Bildfläche verschwinden lassen wollen. Er wird verspottet, verlacht, verhöhnt, bespuckt, geschlagen, gefoltert, gekreuzigt. Krippe, Kreuz, Schmerz und Leiden, alles nimmt Jesus auf sich. Wir Christen sehen alles Leiden der Welt gebündelt im Kreuz auf Golgatha. Es gibt kein schrecklicheres Leiden als das des Jesus Christus.

Denn dort nimmt der Sohn Gottes stellvertretend unser Schicksal auf sich. Er stellt sich uns gleich. Er geht unseren menschlichen Weg ganz konsequent bis in den Tod hinein. Das tut er, um uns nahe zu sein, und um einen Weg durch das Leiden und den Tod hindurch zu bahnen.

Keine glatten Antworten

Ich sage es Ihnen ganz offen: Wir Christen können die Frage nach dem Leid nicht beantworten. Es gibt keine glatte Antwort auf die Warum-Frage, die tragfähig wäre, ich zumindest kenne keine. Wir können Gott nicht erklären. Aber ich halte mich an Jesus Christus, der mitten im Leiden da ist. Durch ihn zeigt uns Gott, wer er ist. Er ist für uns da – gerade mitten im Leiden.

> Es gibt keine glatte Antwort auf die Warum-Frage, die tragfähig wäre, ich zumindest kenne keine.

Gott beantwortet die Warum-Frage nicht rational, sondern personal. Er hat einen anderen Weg gewählt, um dem Leiden der Welt zu begegnen, um Licht in das Dunkel dieser Welt zu bringen, einen ganz eigenen Weg. Er erklärt die offenen Widersprüche und die offenen Fragen nicht einfach weg. Er kommt auch nicht mit Glanz und Gloria und fegt das Unrecht einfach weg. Sein Weg zielt nicht darauf, alle die zu zerschlagen, die Unrecht tun und alles Übel mit Macht zu beseitigen, sondern sein Weg zielt auf Rettung. Sonst gäbe es nur solche, die weggefegt würden, denn es gibt keinen Menschen auf dieser Welt, der nicht auch an einem andern schuldig würde oder geworden wäre. Darum wählt er selbst den Weg ins Leiden.

Das ist eine ungeheure Entscheidung: Gott hält an seiner Liebe zu den Menschen fest bis zur letzten Konsequenz. So richtet er seine Herrschaft auf. Er stirbt – und steht auf zu neuem Leben. Auf Karfreitag folgt Ostern. Er lebt. Damit hat er uns einen Weg bereitet durch das Leiden hindurch zum Leben. Das ist für uns ein Weg der Hoffnung.

Wenn uns fremde Wunden heilen

Er wuchs vor ihm auf wie ein Spross; er entsprang wie eine Wurzel aus trockenem, unfruchtbarem Land. Sein Äußeres war weder schön noch majestätisch, er hatte nichts Gewinnendes, das uns gefallen hätte. Er wurde verachtet und von den Menschen abgelehnt – ein Mann der Schmerzen, mit Krankheit vertraut, jemand, vor dem man sein Gesicht verbirgt. Er war verachtet und bedeutete uns nichts. Dennoch: Er nahm unsere Krankheiten auf sich und trug unsere Schmerzen. Und wir dachten, er wäre von Gott geächtet, geschlagen und erniedrigt! Doch wegen unserer Vergehen wurde er durchbohrt, wegen unserer Übertretungen zerschlagen. Er wurde gestraft, damit wir Frieden haben. Durch seine Wunden wurden wir geheilt!

(Jesaja 53,2-5)

Wenn Gott offenbar und zugleich verborgen ist

Wenn wir vor Augen haben, wer Jesus Christus ist und was er für uns getan hat, so löst sich die Warum-Frage damit nicht auf. Aber wir sehen verlässlich, wer Gott für uns ist: kein Unbekannter, kein Fremder, kein Unberechenbarer. Hier hat sich Gott uns gezeigt. So ist er. Hier ist er offenbar. Darauf kann ich mich verlassen.

Glück und Leid lassen nicht auf Gott schließen

Daneben steht die offene Frage, warum Gott das Leid noch nicht beendet, warum er noch Geduld hat mit dieser Welt und uns noch nicht den Himmel öffnet. Wenn ich die Welt sehe, die heutige Wirklichkeit, wenn ich auch nur die Nachrichten eines Tages lese und das Elend und den Schrecken bedenke, dann verstehe ich Gott nicht. Dass all das geschieht, ist unbegreiflich. Wenn ich von dem, was ich hier erfahre, auf Gott schließen wollte, so käme ein Zerrbild von ihm heraus. Ich lasse es daher stehen, ich spüre den Schmerz und ich fliehe zu dem Gott, den ich kenne; ich sage ihm, was mich bedrückt, nenne ihm meine Fragen und klage ihm mein Leid.

Ich komme Gott auch kaum auf die Spur, wenn ich die Schönheit der Schöpfung bedenke. Das ist ja auch eine Erfahrung. Das Leben kann schön sein. Wir haben gesehen, welche verschiedenen Arten des Glücks es gibt. Wenn wir das Glück der Gemeinschaft mit anderen erleben, ein gutes Verhältnis zu Kollegen, echte Freundschaft, tiefe Partnerschaft, erfüllte Sexualität. Anerkannt und angenommen zu sein, geschätzt und geliebt zu sein – was

> Wenn ich auch nur die Nachrichten eines Tages lese und das Elend und den Schrecken bedenke, dann verstehe ich Gott nicht.

für ein Reichtum. Wenn wir das Glück des Augenblicks erleben, wenn ein Stück Kuchen einfach herrlich schmeckt, ein kühles Bier an einem lauen Sommerabend, ein Sonnenuntergang am Meer oder ein Sonnenaufgang in den Bergen – was für ein Geschenk! Wenn wir das Glück der Fülle erleben, die Freude daran, wie reich beschenkt mein Leben ist, eine tiefe Dankbarkeit über all das Gute, das ich erlebe, das Gefühl tiefer Erfüllung, weil ich mein Leben als gesegnet erlebe – was für eine Freude!

»Warum lässt Gott das Gute zu?«

An dieser Stelle sollten wir uns schon einmal kritisch hinterfragen. Sagen wir eigentlich auch: Warum lässt Gott das Gute zu? Diese Frage kommt uns nicht in den Sinn. Wir erwarten selbstverständlich, dass Gott für das Gute herhalten muss und es mir gut gehen lassen soll. Wir jammern sofort, sobald etwas nicht nach unseren Glücksvorstellungen läuft. Gott ist ja schließlich dafür da, mir meine Träume zu erfüllen. Aber wie kommen wir eigentlich darauf? Könnte es nicht sein, dass wir Glück, Wohlergehen und Wohlstand, äußeren Frieden und innere Zufriedenheit gar nicht verdient haben? Einfach weil wir getrennt von Gott leben, weil Krieg auf dieser Erde die Norm bestimmt. Könnte es nicht sein, dass das Normale das Leiden ist und alles andere ein völlig unverdientes, herausragendes Geschenk? Einfach weil wir alle schuldig sind und getrennt von Gott leben. Fragen wir auch nur einmal, warum uns Gott nicht nur Böses, sondern auch Gutes widerfahren lässt? – Es ist gut, wenn wir das Schöne und Wertvolle, das uns widerfährt, nicht allzu selbstverständlich hinnehmen.

Wenn wir von der Existenz Gottes ausgehen, müssen wir ganz bestimmt sagen: Auch all das Gute kommt aus seiner Hand. Ich habe Grund, ihm dafür zu danken.

Aber ich kann aus all diesen Erfahrungen – den guten wie den leidvollen – nicht erkennen, wer Gott ist. Ist er nun der, der mir das Gute schenkt, oder der, der mir Leid zustoßen lässt? Ist er der Fluchende oder der Segnende? Ist er Tyrann oder Vater? – Wenn

> Könnte es nicht sein, dass das Normale das Leiden ist und alles andere ein völlig unverdientes, herausragendes Geschenk?

ich nur von meiner Erfahrung ausgehe, ist Gott nicht eindeutig. In unserer Welt ist Gottes Wesen verborgen. Es ist wie ein Foto, das wir nie scharf stellen können. Darum kommt es darauf an, auf das Bild zu sehen, das die Bibel von Gott zeichnet. Wenn wir es wagen, auf Gott zu vertrauen, dann tun wir das immer auf das Wort hin, das wir von Jesus hören. Wir tun es auf diese Offenbarung hin. Ein Glaube, der nur auf eigene Erfahrung gründet, bricht schnell zusammen, denn unsere Erfahrung ist nicht eindeutig, sondern immer ambivalent, zweigeteilt. Aber Gott sei Dank haben wir einen verlässlichen Punkt, an den wir uns halten können: Wer Gott ist und wie Gott ist, das ist eindeutig und klar, wenn wir auf Jesus sehen. Er ist für mich da, gerade auch im Leiden.

Trost und Hoffnung

Wenn es doch einen Trost gibt

Ich erinnere mich gut, wie ich am Grab meiner Mutter stand. Meine Frau und unsere Kinder waren dabei und sahen hinunter auf den eben versenkten Sarg. Ein schwerer Moment. Es ist alles so endgültig. Viel zu früh ist sie verstorben. Die durchschnittliche Lebensdauer der Statistik hat sie nicht erreicht. Dafür war ihr Leiden weit überdurchschnittlich. Was sie durchgemacht hat an Operationen, Untersuchungen, Therapien und Schmerzen – das lässt sich kaum ermessen. In den letzten Monaten ihres Lebens musste ihr Bein abgenommen werden. Zuerst nur der Zeh, dann der Fuß. Doch die Wunden verheilten nicht. So wurde nach einigen Wochen wieder ein Stück mehr vom Bein amputiert, bis die Chirurgen an der Hüfte angekommen waren. Doch die Wunde heilte noch immer nicht. Welche körperlichen Schmerzen das sind, ist schon kaum zu begreifen; welche Wunden in die Seele geschnitten werden, noch weniger. Wir standen machtlos daneben. Ich sehe ihr Gesicht noch vor mir, ihre von Tränen verweinten

Augen, aber auch die leer geweinten Augen, die irgendwann keine Tränen mehr hervorbrachten. Irgendwann ging dann ihre Kraft zu Ende; sie starb im Krankenhaus.

Der Wort-Schatz der Psalmen

Was bleibt auf dem Weg des Sterbens? Was bleibt am offenen Grab? Welchen Trost gibt es? – Wir haben am Krankenbett immer wieder Psalm 23 gebetet, vielleicht den bekanntesten aller Psalmen. Worte, die uns und ihr vertraut waren seit Kindertagen. Es ist gut, wenn man einen solchen Wort-Schatz hat, auf den man in Krisenzeiten zurückgreifen kann. Sein voller Wert entfaltet sich, wenn wir nichts Neues mehr erfassen können, keine neuen Gedanken mehr denken können, wenn wir uns nur noch erinnern können an Worte, die wir früher schon gebetet haben und die uns getragen haben. Meine Mutter konnte diese Verse im Krankenbett mitbeten, auch wenn sie kaum mehr etwas verstehen und so gut wie nichts mehr sagen konnte. Sie konnte sich selbst in ihrem tiefen Tal neu diesem Hirten anvertrauen, sich und ihre Situation unterbringen in den Worten des Psalms.

Rainer Maria Rilke (1875–1926) kannte diese Erfahrung und berichtet von einer durchwachten Nacht: »Ich habe die Nacht einsam hingebracht [ ] und habe schließlich [ ] die Psalmen gelesen, eines der wenigen Bücher, in denen man sich restlos unterbringt, mag man noch so zerstreut und ungeordnet und angefochten sein.«[4]

Die Frage, warum meine Mutter so viel zu ertragen hatte, blieb offen, und doch gab es einen Trost. Gott ist da. Jesus leidet mit. Es geht an der Hand des guten Hirten dem Himmel entgegen. Das Leiden hat einen großen Raum, aber es hat auch eine Grenze. Der Weg geht weiter zum »Haus des Herrn«. Es ist überdies ein Geheimnis: Leid öffnet die Tür mancher Herzen, wir werden offener für Gottes Wort. Manchmal habe ich den Eindruck, Gott wäscht unsere Augen mit Tränen, damit wir besser sehen können. Wir als Familie bekamen neu einen Blick für den Himmel. Doch, das haben wir dankbar erfahren, es gibt in diesem Leiden auch einen Trost.

> Das Leiden hat einen großen Raum, aber es hat auch eine Grenze.

Christen singen nicht immer Halleluja

Wir brauchen nicht stumm zu bleiben, wenn unsere Not zum Himmel schreit. Wir können klagen. Viele Psalmen weisen uns den Weg dazu. Wir können und sollen beten. Vorformulierte Gebete sind dazu eine Hilfe. Bedenken Sie, Jesus selbst macht es vor. Er betet am Kreuz: »Mein Gott, warum hast du mich verlassen?«

Klagen ist mehr als Jammern. Wir fassen dabei das Leid in Worte und schreien es Gott entgegen. Christen singen keineswegs immer Halleluja. Wer das sagt, der lügt. Wer sagt, alle, die an Jesus glauben, würden gesund und glücklich, ist ein Scharlatan. Unser Beten ist oft ein Klagen. Klagen heißt, mit Leidenschaft zu beten. So dürfen wir beten, nicht nur mit gefalteten Händen, sondern mit suchend zitternden Händen, ja sogar mit geballter Faust. Gott hält unser Leiden aus. Die Klage ist kein Rezept zum Glücklichwerden, aber ein Weg durch das Leiden hindurch.

Schließlich bleibt uns die Hoffnung. Auf dem Grabstein meiner Mutter steht der Satz: »Jesus lebt, mit ihm auch ich.« Bewusst haben wir uns für

> Wer sagt, alle, die an Jesus glauben, würden gesund und glücklich, ist ein Scharlatan.

diesen Satz entschieden. Jesus ist auferstanden. Das bezeugt das Neue Testament, und an dieses Zeugnis halten wir uns schlicht. Auch als studierter Theologe habe ich keinen anderen Grund der Hoffnung. Darauf verlassen wir uns. Jesus lebt, und mit ihm werden auch wir leben.

Wenn der gute Hirte führt

Psalm 23

Der Herr ist mein Hirte,
mir wird nichts mangeln.
Er weidet mich auf einer grünen Aue
und führet mich zum frischen Wasser.
Er erquicket meine Seele.
Er führet mich auf rechter Straße um
seines Namens willen.
Und ob ich schon wanderte im finstern Tal,
fürchte ich kein Unglück;
denn du bist bei mir,
dein Stecken und Stab trösten mich.
Du bereitest vor mir einen Tisch
im Angesicht meiner Feinde.
Du salbest mein Haupt mit Öl
und schenkest mir voll ein.
Gutes und Barmherzigkeit werden
mir folgen mein Leben lang,
und ich werde bleiben im Hause des
Herrn immerdar.

Der gute Hirte behüte dich

Ich wünsche dir,
dass dich dein Wüstenweg
und jeder Steg
zum frischen Wasser führt.
  Ich wünsche dir
dass auch im finstern Tal
ein Sonnenstrahl
noch dein Gesicht berührt.

Ich wünsche dir,
dass auch aus dunkler Nacht
dich sanft und sacht
ein heller Morgen weckt.
  Ich wünsche dir,
dass auch im fremden Land
des Freundes Hand
noch treu den Tisch dir deckt.

Ich wünsche dir,
dass auch in großer Not
das Lebensbrot
noch deinen Hunger stillt.
  Ich wünsche dir,
dass dir ein Lied erklingt,
die Seele singt
und dich das Glück erfüllt.

Der gute Hirte behüte dich,
er weide dich auf einer grünen Au.
Sein guter Segen begleite dich.
Er führe dich nach Haus.

Text: Steffen Kern
Melodie: Matthias Hanßmann
© cap-music, 72 221 Haiterbach-Beihingen

Wenn wir in der Krise stecken

Krankenzimmer haben etwas Beklemmendes. Wer als Besucher hineinkommt, betritt eine andere Welt: überall Medikamente, Verbandsmaterial und Verpackungen, auf dem Tisch, auf dem Fensterbrett, auf dem Fußboden. Das Licht scheint fahl durch halb zugezogene Vorhänge. Es riecht verbraucht; unter die dicke Luft mischt sich der Geruch von Desinfektionsmittel. Obwohl es warm ist, wirkt das Zimmer kalt, fast steril. Auf dem Nachttisch eine halb volle Tasse mit Tee. Im Bett liegt ein Mensch, der schwer atmet. Die Augen halb geschlossen, der Mund leicht geöffnet. Je schwerer die Krankheit, umso weniger hebt sich die Gesichtsfarbe vom Bettlaken ab. Näher zu kommen kostet Überwindung. Was kann ich hier tun? Was kann ich jetzt sagen? Wie kann ich beten?

Sprachlos und hilflos

Es gibt Situationen, die uns sprachlos machen. Die Worte bleiben uns im Hals stecken. Oft ist es dann besser zu schweigen, als hilflos, aber wortreich zu plappern. Gerade am Krankenbett ist Schweigen wertvoll und angemessen. Da sein, dabei sein, die Hand nehmen, den Menschen begleiten; mitleiden, den Schmerz mit aushalten und das Leiden teilen. Das lehren uns schon die Freunde Hiobs, wir haben von ihnen schon gehört: Sie kommen, setzen sich zu ihrem Freund und harren bei ihm aus, sieben Tage und sieben Nächte – ohne auch nur ein Wort zu reden (vgl. Hiob 2,11-13).

Wortreich, aber wertlos

Schweigen hat seine Zeit – und doch: Schweigen ist nicht alles. Gerade in Situationen, in denen uns die Worte fehlen, sehnen wir uns danach, unser Empfinden, unsere Not in Worte zu fassen. Das ist in jeder Krise so, längst nicht nur in der Krankheit. Auch wenn eine Beziehung auseinanderbricht, eine Ehe in Scherben zerfällt, und das mitten in der Gemeinde, dann sind wir sprachlos. Wenn ein

Familienvater im besten Alter plötzlich ohne Arbeitsstelle dasteht, dann ist guter Rat teuer. Wenn eine gestandene Frau plötzlich keinen Sinn mehr in ihrem Leben sieht und depressiv wird, dann fallen vielen nur platte Sprüche ein. Wenn ein junger Theologiestudent nicht mehr glauben, Gott und seinem Wort nicht mehr vertrauen kann, dann schütteln manche verständnislos den Kopf. Es ist die Eigenart jeder Krise – ganz gleich, ob Krankheitskrise oder Trauerkrise, ob Beziehungs- oder Berufskrise, ob Midlife-Crisis oder Glaubenskrise: Wir sind isoliert. Wer in eine Krise fällt, fällt aus dem Rahmen des Normalen und des Konventionellen. Uns fehlen die Worte. Worte, die angemessen zur Sprache bringen, was uns im Innersten bewegt. Worte, die einen neuen Horizont eröffnen. Es fehlen Worte, die unsere Not erfassen und uns als Person Halt geben. Häufig bleiben nur hohle Hülsen, abgedroschene Phrasen, Standardsätze – wortreich, aber wertlos. Doch um eine Krise bewältigen zu können, brauchen wir einen Sprachraum, in dem wir uns bergen können. Wir brauchen Gemeinschaft –

> Wer in eine Krise fällt, fällt aus dem Rahmen des Normalen und des Konventionellen. Uns fehlen die Worte. Worte, die angemessen zur Sprache bringen, was uns im Innersten bewegt.

mit anderen Menschen und mit Gott. Kommunikation ist nötig. Um nicht in die Isolation der Krankheit, der Resignation und des Zweifels zu fallen, brauchen wir Worte zum Beten.

Ein Schrei aus den Urtiefen der Seele

»Aus tiefer Not schrei ich zu dir, Herr Gott, erhör mein Rufen!« So formuliert Martin Luther, orientiert an Psalm 130, den Urschrei des Glaubenden in der Krise. Ein Gebet aus der Tiefe, aus der Nacht der Isolation heraus. Kein Gebet, das wohlbedacht und sorgfältig formuliert wäre, sondern ein Schrei aus den Urtiefen der Seele. Worte für solche Gebete finden wir in den Psalmen und in vielen Chorälen. Der Psalter ist ein Buch, in dem ich Raum habe. Die starken Bilder und die urtümlichen Vergleiche verleihen der Psalmensprache eine Dynamik, die auch uns postmoderne Menschen in unseren Krisen erfasst. All unsere Not hat Platz im Sprachraum des Glaubens. Nichts, was wir erleben, muss außen vor bleiben. Was in uns steckt, dürfen wir heraus- und unserem Gott entgegenschreien: unseren Schmerz, unsere Wut, unseren Hass, unsere Zweifel, all unsere Fragen.

Gerade für die Frage nach dem Warum gibt es keine Lösung – außer der, dass wir sie zum Gebet machen. Im Gebet glauben wir uns durch unsere Fragen vom unbegreiflichen zum in Jesus Christus greifbaren Gott hindurch.

Sein Kreuz in meiner Krise

Vorbild dafür ist Jesus selbst. Am Kreuz schreit er hinaus: »Mein Gott, mein Gott, warum hast du mich verlassen?!« In der tiefsten Krise, die je ein Mensch auf dieser Erde durchlitten hat, schreit er zu seinem Vater mit Worten aus Psalm 22. Selbst der Gott, der ihn verlassen hat, ist noch sein Gott. So können auch wir beten. Auch wenn wir uns von Gott verlassen fühlen: ihn als unseren Gott anrufen und ihn bei seinem Namen nennen. Golgatha macht es überdeutlich: Es gibt keine Tiefe, in der Gott nicht dabei wäre. Jesus ist da. Das Kreuz steht mitten in den Krisen meines Lebens – und Sterbens.

Wenn wir aus tiefer Verzweiflung schreien

Aus Psalm 130

Herr, aus tiefster Verzweiflung schreie ich zu dir.
Herr, höre mein Rufen und vernimm mein Gebet!
Herr, wenn du unsere Sünde anrechnen würdest,
wer könnte da bestehen?
Doch du schenkst uns Vergebung,
damit wir lernen, dich zu fürchten.
Ich hoffe auf den Herrn von ganzem Herzen,
und ich vertraue auf sein Wort.
Ich warte auf den Herrn,
mehr als die Wachen auf den Morgen, ja,
mehr als die Wachen auf den Morgen.
Israel, hoffe auf den Herrn!
Denn der Herr ist gnädig und sein Erbarmen ist groß.
Er selbst wird Israel befreien von
allen seinen Sünden.

Wenn wir Gott beim Namen nennen

Wenn die Not am größten ist, haben wir einen Namen, den wir anrufen können. Dazu hat Gott seinen Namen offenbart. Mose hört Gott am Dornbusch sagen: »Ich bin, der ich immer bin. Sag ihnen einfach: ›Ich bin‹ hat mich zu euch gesandt.« (2. Mose 3,14): Das bedeutet doch, Gott stellt sich vor als der Gott, der mit uns geht, der sich selbst und uns treu bleibt. Gottes Name beinhaltet somit sein Wesen, und zugleich teilt er es uns mit. Mit seinem Namen macht Gott sich ansprechbar – und uns sprachfähig. Indem Gott uns seinen Namen und sein Wesen mitteilt, begründet er eine Beziehung zwischen ihm und uns Menschen. Diese Beziehung wird im Gebet gepflegt. Im Namen seines Sohnes, Jesus Christus, liegt unser Heil – gerade in unseren Krisen ist er in Rufweite. Jesus ist nur ein Gebet weit weg.

Das Geheimnis des Gebets

Wer in einer persönlichen Krise oder in der Krise eines anderen Menschen Gott beim Namen nennt, der ruft aus der Tiefe heraus. Wer sich in seiner Not eingeigelt hat, wer sich in sich selbst zurückgezogen hat, der findet mit dem Verzweiflungsschrei aus der Tiefe eine Bezugsperson, ein Gegenüber, einen Weg aus der Isolation heraus. Denn das Gebet ist kein Selbstgespräch. Es ist ein Wortwechsel mit dem lebendigen Gott. Wer Gott beim Namen nennt, der nimmt ihn beim Wort, der behaftet ihn bei seinem Versprechen. Auf seine Verheißung hin rufen wir ihn an, halten ihm sein Wort vor und klagen ihm unsere Not (vgl. Psalm 27,8). Indem wir so Gottes Treue einklagen und ihr betend vertrauen, werden wir getröstet. Ich bin überzeugt davon: Wir jammern einander viel zu viel vor, aber wir klagen viel zu wenig zu Gott.

Übrigens, dass Gott unser Gebet erhört, das hängt nicht davon ab, wie lange, wie intensiv oder gar in welcher Körperhaltung wir beten. Gebetsmärsche, stundenlange Rituale und bis zur Ekstase gesteigerte Ergriffenheit haben keine besondere Verheißung. Halten wir also für unser Beten fest: *Das Geheimnis des Gebets liegt ein-*

zig und allein im Namen des dreieinigen Gottes begründet.

Beten heißt vor allem Bitten

Beim Beten brauchen wir uns also nicht aufzuschwingen zu einem religiösen Höhenflug. Im Gegenteil: Im Gebet rufen wir, wie ein kleines Kind den Vater ruft (vgl. Römer 8,14f; Galater 4,5-7). Wenn Kinder zum Vater kommen, bitten sie ihn. Das Gebet der Kinder Gottes ist zuerst und vor allem Bitte. Solange wir auf dieser Erde leben, geraten wir in Krisen. Und so lange ist die Bitte die Grundform unseres Betens. Durch unser Bitten machen wir von unserem Kindschaftsrecht Gebrauch. Vertrauensvoll wenden wir uns an unseren Vater. Wir drücken damit aus, dass wir ganz und gar darauf angewiesen sind, dass er sich uns zuwendet. Keine Frage, auch mit Gott geraten wir in Krisen. Das Krankenzimmer verliert seinen Schrecken nicht. Aber es ist ein Raum, in dem Gottes Name anrufbar ist und in dem Jesus selbst gegenwärtig ist. Wir müssen nicht sprachlos bleiben, nicht trostlos und schon gar nicht gottlos. Gerade in den Krisen unseres Lebens kann unser

Glaube eine neue Tiefe gewinnen, denn auch in der Krise stehen wir unter der Verheißung unseres Herrn.

Ein Weg mit Verheißung

Beten heißt: Gott anrufen.
Ihn bei seinem Namen nennen.
Ihn auf sein Wort hin ansprechen.
Ihn bei seiner Verheißung behaften.
Ihn ernst nehmen und ihn festhalten.
Beten ist der Weg vom Schweigen zum Reden.

Beten heißt: nach Hause kommen.
Mich meinem Vater in die Arme werfen.
Meine Sünde aussprechen.
Meine Schuld bekennen.
Mein Herz öffnen, hören und frei werden.
Beten ist der Weg vom Zweifeln zum Hoffen.

Beten heißt: Gott zur Rede stellen.
Mein Herz vor ihm ausschütten.
Meine Fragen nennen,
mein Leiden klagen.
Meine Lasten vor ihm ausbreiten.
Meine Not zu seiner Sache machen.
Beten ist der Weg vom Sorgen zum Staunen.

Beten heißt: die Sehnsucht von der Seele reden.
Meinen Bedürfnissen Sprache verleihen.
Meine Wünsche in Worte fassen und in
Gottes Willen legen.
Mein Herz an sein Wort hängen.
Meine Träume in Gottes Verheißung bergen.
Beten ist der Weg vom Träumen zum Vertrauen.

Beten heißt: Gott die Welt ans Herz legen.
Unsere Augen öffnen.
Unsere Herzen weiten.
Unsere Stimmen für die Stummen erheben.
Unsere Beziehungen unter Gottes Herrschaft stellen.
Beten ist der Weg vom Lassen zum Lieben.

Beten heißt: das Gute nicht vergessen.
Unseren Wohlstand als Gottes Wohltat erkennen.
Unser Glück als Gottes Geschenk.
Unser Leben als seine Gabe.
Unser Herz erfüllen lassen.
Beten ist der Weg vom Denken zum Danken.

Beten heißt: Gott sagen, wer er ist.
Ihm seinen Namen zusprechen.
Ihn auf seine Werke ansprechen.
Ihn wirken lassen.
Ihn unseren Herrn sein lassen.
Beten ist der Weg vom Anfragen zum Anbeten.

Wenn Tränen bis in den Himmel fließen

Ich möchte Ihnen Mut machen zum Weinen. Ja, ganz richtig, nicht nur Mut zum Beten, sondern auch Mut zum Weinen. Schämen Sie sich Ihrer Tränen nicht! Und ich lade Sie ein, einmal kurz darüber nachzudenken, wann Sie zuletzt Tränen in den Augen hatten. Fällt Ihnen da eine Situation ein?

Vielleicht waren es ja Tränen der Freude. Über ein Geschenk oder eine Überraschung, die ganz unverhofft kam und Sie überwältigt hat. Oder Sie haben Tränen gelacht beim letzten Fest, weil es so herrlich lustig war. – Vielleicht waren es auch Tränen der Schmerzen. Kinder weinen sie oft, kleine und große Kinder, wenn eine Verletzung wehtut, wenn eine Wunde schmerzt, wenn ihnen der Schreck in die Glieder fährt. Dann kommen sie angelaufen, der Mutter in die Arme, und schluchzen. Die Mutter tröstet dann und wischt sie weg, die Tränen der Schmerzen. – Vielleicht waren es aber auch Tränen der Trauer, weil Sie einen lieben Menschen verloren haben. In diesem Jahr oder schon vor längerer Zeit, aber sie kommen immer wieder, die Tränen. Sie können sie gar nicht zurückhalten.

Wüste in der Seele

Tränen der Trauer – manchmal werden sie zu Tränen der Verzweiflung. Manchmal vertrocknen sie auch, die Tränen, weil Sie nicht mehr weinen können, weil Sie leer geweint sind, nur noch leer, nichts mehr sagen, nicht mehr klagen können. Ausgetrocknet. Wüste in der Seele.

Welche Tränen auch immer Sie in den Augen haben oder hatten, heimlich für sich im Zimmer, vielleicht unter der Bettdecke, oder ganz offen vor andern Menschen – sie sollen zur Sprache kommen. Gott selbst bringt sie zur Sprache. Jesus bringt sie zur Sprache, indem er Johannes zu uns reden lässt. Im letzten Buch der Bibel öffnet uns Johannes den Himmel.

Lesen Sie selbst, Offenbarung 21,1-5:

> Dann sah ich einen neuen Himmel und eine neue Erde, denn der alte Himmel und die alte Erde waren

verschwunden. Und auch das Meer war nicht mehr da. Und ich sah die heilige Stadt, das neue Jerusalem, von Gott aus dem Himmel herabkommen wie eine schöne Braut, die sich für ihren Bräutigam geschmückt hat. Ich hörte eine laute Stimme vom Thron her rufen: »Siehe, die Wohnung Gottes ist nun bei den Menschen! Er wird bei ihnen wohnen und sie werden sein Volk sein und Gott selbst wird bei ihnen sein. Er wird alle ihre Tränen abwischen, und es wird keinen Tod und keine Trauer und kein Weinen und keinen Schmerz mehr geben. Denn die erste Welt mit ihrem ganzen Unheil ist für immer vergangen.« Und der, der auf dem Thron saß, sagte: »Ja, ich mache alles neu!« Und dann sagte er zu mir: »Schreib es auf, denn was ich dir sage, ist zuverlässig und wahr!«

Es ist eine Szene aus dem Himmel. Johannes lässt uns die kommende Welt sehen. Es ist eine Schau, für uns buchstäblich unwirklich: ein neuer Himmel und eine neue Erde, unvorstellbar, wunderbar, nicht von dieser Welt und gerade darum ein Blick, der uns mitten in dieser Welt weiterhelfen kann.

Wollten wir diese Szene in einem Film zeigen – wir könnten es nicht. Uns fehlten die Bilder. Wollten wir sie im Theater darstellen – uns fehlten die Figuren. Wollten wir sie auch nur in ein Bild malen – uns fehlten die Farben. Dieses Wunder begreifen und erfassen wir nicht. Der Himmel ist uns zu hoch. Das darf auch so sein. Zugleich gestehe ich, ich lasse mein inneres Auge gern dem Fingerzeig des Johannes folgen. Ich wage gerne einen Blick in das neue Jerusalem, die heilige Stadt mit ihren goldenen Gassen, mit ihren zwölf Perlentoren und ihren Mauern aus Edelsteinen. Aber haben Sie es bemerkt? Es gibt in dieser himmlischen Szene etwas zutiefst Irdisches. Etwas bringen wir Menschen offensichtlich mit in den Himmel. Es sind unsere Tränen!

Weinen mit Würde

Ich finde, das ist etwas ungeheuer Tröstliches: Selbst im Himmel, in all dieser unvorstellbaren Pracht, haben unsere Tränen einen Platz. Nichts sonst nehmen wir mit in den Himmel, unsere Schuld nicht, unsere Sorgen nicht, selbst das Leiden nicht. Kein Schmerz wird mehr sein, kein Geschrei wird mehr zu hören sein, das Geschrei der Kriegstreiber nicht und das Ge-

> Wenn die Tränen sogar im Himmel noch einen Platz haben, welche Würde gibt Gott unserem Leiden hier auf dieser Welt!

schrei der Verfolgten nicht. Sogar Tod und Sterben werden nicht mehr sein. All das bleibt zurück in der alten Welt, es ist vergangen. Tod und Sterben sind einfach Vergangenheit.

Jetzt ist Leben angesagt, ewiges Leben, Herrlichkeit. All den irdischen Ballast lassen wir zurück, aber unsere Tränen bringen wir mit.

Ist das nicht geheimnisvoll? Wenn die Tränen sogar im Himmel noch einen Platz haben, welche Würde gibt Gott unserem Leiden hier auf dieser Welt! Er, Gott, weiß um unsere Tränen.

Nicht das Lachen der Sieger wird zu hören sein. Die Jubelrufe der Starken finden keinen Nachhall. Auch die Gesänge der Gewinner dieser Welt finden kein Echo. Nein, das Einzige von hier, das dort noch sein wird, sind unsere Tränen.

Tränen sind kein Tabu

Wenn das so ist, dann denken Sie doch daran, jetzt in Ihrer Trauer, heute in Ihrem Leid, in den Schmerzen Ihres Lebens: Tränen sind nicht verboten. Tränen sind kein Tabu. Tränen sind keine Schande. Was haben wir schon kaputt gemacht in den Seelen junger Menschen, wenn wir so unsin-

nig daherpolterten: »Ein Junge weint nicht!« –
Nein, Tränen sind nicht verboten, in der Bibel
nicht, und da sollten sie es doch bei uns auch nicht sein. Jesus selbst hat geweint. Weinen ist nicht nur etwas für Weichlinge. Im Gegenteil: Tränen sind Schleusen unserer Seele. Tränen befreien. Tränen entlasten. Tränen verbinden Menschen miteinander.

Wenn Sie das als Trauerfamilie schon einmal erlebt haben, dann wissen Sie, wovon ich rede: Wenn man offen und frei voreinander weinen kann, das verbindet. Tränen können eine Gemeinschaft vertiefen, vor allem dann, wenn wir einander nichts vorheucheln müs-

sen. Ehrliche Tränen machen das falsche Lächeln überflüssig. Tränen sind menschlich, weiblich und männlich. Es ist Ausdruck von Stärke und Reife, ein Zeichen von Größe, wenn ein Mensch weinen kann, und nicht von Schwäche!

Der Münchner Dichter Eugen Roth (1895–1976) hat recht, wenn er schreibt:

»An erster Stelle zu erwähnen
als Wunderbalsam sind die Tränen.
Sie lösen, sparsam selbst geweint,
das eigne Herz, schon ganz versteint.«[5]

Gott weint unsere Tränen mit

Wissen Sie, was ich an der Bibel so großartig finde? – Dass der Himmel so irdisch ist. Auf dem Thron im Himmel sitzt ja kein großer, ferner Himmelsgott, der noch nie etwas anderes gesehen hätte als den Himmel. Nein, der da auf dem Thron sitzt, ist nicht nur durch goldene Gassen gewandert, hat nicht nur Edelsteine und Perlen gesehen und sich bedienen lassen von himmlischen Boten. So mögen wir uns Gott manchmal vorstellen, aber so ist Gott nicht. Dort auf dem himmlischen Thron sitzt »das Lamm«. Mit diesem Lamm ist niemand anderes als Jesus gemeint, der wie ein Tier »geschlachtet« wurde: Jesus Christus, der Sohn Gottes, der vom Himmel herunterkam auf die Erde, seinen Thron verlassen hatte und Mensch wurde. Hier haben keine goldenen Gassen auf ihn gewartet, sondern der Weg zum Kreuz. Auch keine Edelsteine, Perlen und Purpur waren sein Schmuck – eine Dornenkrone haben sie ihm aufgesetzt. Und bedienen lassen hat er sich schon gar nicht – verhöhnt, verspottet und geschlagen haben sie ihn, den König am Kreuz.

Als er dort hing und schreckliche Schmerzen ertrug, hat er sein Blut für uns vergossen. Und seine Tränen – die hat er für uns geweint. Deshalb gilt der Satz: Gott weint unsere Tränen mit. Gott weiß nicht nur um unsere Tränen. Er sieht sie nicht nur vom Himmel aus, von oben herab. Davon hätten wir nichts. Nein, was auch immer wir erleiden – er leidet mit uns mit. Welche Schmerzen auch immer wir haben – er trägt unsere Schmerzen mit. Was auch immer uns Tränen in die Augen treibt – Sorgen, Schmerzen oder Trauer – denken Sie daran: Sie sind nicht allein. Sie leiden nicht allein. Sie ertragen es nicht allein. Gott weint Ihre Tränen mit.

Regenbogen in unseren Tränen

Aber beim Sterben und beim Weinen bleibt es nicht. Wäre Jesus nur für uns gestorben, dann hätten wir keine Hoffnung. Weil er aber auferstanden ist, haben wir eine feste, gewisse Hoffnung. Das ist die zutiefst seelsorgerliche Dimension von Ostern.

Denn der, der am Kreuz Blut und Tränen vergossen hat, der hat am Ostermorgen das Grab verlassen. Er ist durch den Tod hindurchgegangen. Die tiefste Nacht hat er durchschritten. Und seit Ostern leuchtet ein helles Licht, das Osterlicht. Es ist dasselbe Licht, das noch im Himmel leuchten wird. Es ist das Licht, auf das wir zugehen. Und von vorne, aus dem himmlischen Thronsaal leuchtet es uns entgegen. Dieses Osterlicht fällt auf unsere Tränen. Und wenn wir einmal genau hinsehen in unsere Tränen, dann entdecken wir darin etwas Erstaunliches: einen Regenbogen in unseren Tränen, weil Gottes Licht sich darin bricht.

Nun weiß ich nicht, was Sie denken: Vielleicht sind Sie skeptisch. Vielleicht kommt Ihnen das alles viel zu österlich vor, viel zu himmlisch. Auferstehung, Ostern, himmlisches Licht. Vielleicht sagen Sie: »Das sind mir zu viele Versprechen, zu viele Verheißungen. Wer weiß schon, ob es wirklich so sein wird?«

»Operation Heimkehr«

Ich will Ihnen von einem Buch erzählen. Sein Titel lautet: »Operation Heimkehr«. Geschrieben hat es Masanori Nakamura, ein japanischer Schriftsteller. In diesem Buch beschreibt er den Fall der Berliner Mauer:

> »Im Schatten der Brandenburger Arkaden, die mehr als jedes andere Bauwerk die Sehnsucht der Deutschen nach ihrer nationalen Einheit verkörpern, kommt es zu erschütternden Szenen. Wildfremde Menschen fallen sich schluchzend in die Arme. Älteren Leuten, die an einen Eintritt dieses Ereignisses zu ihren Lebzeiten nicht mehr geglaubt haben, rinnen die Tränen über die Wangen. Junge Menschen schlängeln sich vor Freude tanzend in langen Girlanden durch die Menge.«[6]

Genau so war es doch. So haben wir es doch in Erinnerung. So haben wir es doch immer wieder im Fernsehen gesehen, jedes Jahr beim Jahrestag des Mauerfalls: Menschen lagen sich in den Armen. Männer und Frauen weinten. Tränen, derer sich niemand geschämt hat. Das große Wunder war geschehen – kein Mensch hatte mehr daran geglaubt. Kaum einer, der das noch zu hoffen gewagt hatte. Das Ende des real existierenden Sozialismus, das Ende eines totalitären Regimes, nein, daran wollte keiner mehr glauben. Zu sehr hatten wir uns gewöhnt an die Ungerechtigkeiten, an die Unterdrückung, an die Untaten der Unmenschen in Diensten der Stasi. Die Teilung Deutschlands verlief mitten durch Häuser, durch Familien, selbst durch Ehen hindurch. Wenn Leid zur Gewohnheit wird, hat's die Hoffnung schwer. Und was dann 1989 geschehen ist, das gehört wirklich zu den größten Wundern der Geschichte.

Nakamura hat die Szenerie dieses Ereignisses hervorragend beschrieben. Aber jetzt kommt der Clou: Er hat sein Buch zehn Jahre vor der Wende geschrieben. Er war ein Visionär, der diesen wunderbaren Ereignissen weit voraus war. Ein Japaner musste diese Hoffnung beschreiben; einer aus einer ganz anderen Welt musste uns solche Hoffnung bringen. Schon 1979 sah er das Wunder voraus. Er war seiner Zeit voraus und sprengte sie auf für die Zukunft, für Veränderung, für die Hoffnung. »Operation Heimkehr«.

Und genau das tut Johannes. Er ist kein Japaner, sondern Jude. Sein Buch heißt »Die Offenbarung«, aber es beschreibt auch eine »Operation Heim-

> Wenn Leid zur Gewohnheit wird, hat's die Hoffnung schwer.

kehr«. Es sind nicht die Gedanken eines Utopisten oder eines religiösen Idealisten oder eines verrückten Professors. Es sind vielmehr die Ausblicke eines Propheten, der etwas schauen durfte, was wir eigentlich noch nicht sehen können. Es sind Einblicke in den Zukunftsplan Gottes. Es sind die Perspektiven, die Jesus selbst ihm offenbart. So wird Johannes zum Visionär. So sieht er das Wunder voraus. So sprengt er unsere Zeit auf für die Zukunft, für Veränderung, für Hoffnung. Und so tröstet er uns.

Wagen Sie es zu hoffen!

Ob das nicht doch ein Trost für Sie werden könnte? Glauben ist ein Wagnis, Hoffen ebenso. Ich lade Sie herzlich ein: Wagen Sie es! Wagen Sie zu hoffen! Wagen Sie es, der Verheißung zu trauen! Das verändert unseren Blick. Christen reden nicht mehr vom Weltuntergang, sondern vom Weltaufgang! Mit Johannes sehen wir eine neue Welt auf uns zukommen. Gott wird bei uns wohnen und wir bei ihm. Wer von Ostern her lebt, geht auf den Himmel zu. Noch sind wir nicht so weit. Aber schon jetzt weiß Gott um unsere Tränen. Schon jetzt weint er unsere Tränen mit. Das Beste aber wird noch kommen.

Gott wischt unsere Tränen ab

Das ist ein besonderes Vorrecht Gottes, das er sich ganz exklusiv vorbehält. Die Posaunen lässt er die Engel blasen. Seine Verheißung lässt er seine Boten verkündigen. Die goldenen Gassen lässt er himmlische Architekten bauen. Aber die Tränen seiner Kinder wischt er selbst ab. Das lässt sich der Vater im Himmel nicht nehmen. Die Tränen wischt er selbst ab.

Es hat mich bewegt, wie mir eine Frau in tiefer Trauer sagte: »Wie einen eine Mutter tröstet – so tröstet mich Gott« (vgl. Jesaja 66,13). Bei dieser Frau ist Ostern zur persönlichen Erfahrung geworden. Gott tröstet wie eine Mutter: Wenn das Kind weint und verzweifelt hergelaufen kommt, dann breitet sie die Arme aus, nimmt das Kind auf den Schoß, sagt noch nichts, kein Wort muss sie sagen. Sie ist einfach nur da und tröstet das Kind. Sie hält es fest umschlossen und wischt ihm die Tränen von den Wangen. So ist Gott. Er macht keine großen Worte. Er ist nur da, hat die Arme offen und tröstet mich. Was für ein Geschenk, wenn ein trauriger Mensch das erfahren kann!

»Gott wird abwischen alle Tränen.« Dieses Vorrecht lässt sich Gott nicht nehmen. Dass wir es so schwer glauben können, weiß er nur allzu gut. Deshalb sagt es Jesus, der auf dem Thron sitzt, noch einmal extra für uns Zweifler:

»Ja, ich mache alles neu! [ ] Schreib es auf, denn was ich dir sage, ist zuverlässig und wahr!« Die Verheißung steht. Auf das Wort von Jesus ist Verlass. Wenn auf irgendein Wort in dieser Welt Verlass ist, dann auf das Wort von Jesus.

Eric Claptons »Tears in Heaven«

Vielleicht kennen Sie den englischen Bluesgitarristen Eric Clapton. Vielleicht geht Ihnen sogar schon, seit Sie die Überschrift dieses Kapitels gelesen haben, eines seiner Lieder durch den Kopf. Es ist einer seiner größten Hits, zigtausendfach verkauft und gespielt: »Tears in Heaven«, zu Deutsch: »Tränen im Himmel«. Er hat dieses Lied nach einer persönlichen Tragödie geschrieben.

Es war im Frühjahr 1991. Sein kleiner Sohn Conor ist damals viereinhalb Jahre alt. Er spielt im 53. Stock eines New Yorker Hochhauses, direkt am offenen Fenster. Für einen Moment, nur für einen kleinen Moment, passt das Kindermädchen nicht auf, und der Junge stürzt in die Tiefe. Er ist sofort tot. Der Vater Eric Clapton verarbeitet seine Trauer in diesem Lied, »Tears in Heaven«.

Darin singt er:

Beyond the door there's peace I'm sure.
And I know there'll be no more tears in heaven.
Ganz sicher, hinter der Tür dort ist Frieden.
Und ich weiß,
im Himmel gibt es keine Tränen mehr.

Eric Clapton hat recht. Zuletzt wird es im Himmel keine Tränen mehr geben. Denn Gott wird sie abwischen.

Wenn Finsternis wie das Licht ist

Psalm 139

Herr, du hast mein Herz geprüft und
weißt alles über mich.
Wenn ich sitze oder wenn ich aufstehe,
du weißt es. Du kennst alle meine Gedanken.
Wenn ich gehe oder wenn ich ausruhe,
du siehst es und bist mit allem,
was ich tue, vertraut.
Und du, Herr, weißt, was ich sagen möchte,
noch bevor ich es ausspreche.
Du bist vor mir und hinter mir und
legst deine schützende Hand auf mich.
Dieses Wissen ist zu wunderbar für mich,
zu groß, als dass ich es begreifen könnte!

Wohin sollte ich fliehen vor deinem Geist,
und wo könnte ich deiner Gegenwart entrinnen?
Flöge ich hinauf in den Himmel, so bist du da;
stiege ich hinab ins Totenreich, so bist du auch da.
Nähme ich die Flügel der Morgenröte oder

wohnte am äußersten Meer,
würde deine Hand mich auch dort führen und
dein starker Arm mich halten.
Bäte ich die Finsternis, mich zu verbergen,
und das Licht um mich her, Nacht zu werden –
könnte ich mich dennoch nicht vor dir verstecken;
denn die Nacht leuchtet so hell wie der Tag und
die Finsternis wie das Licht.

Du hast alles in mir geschaffen und
hast mich im Leib meiner Mutter geformt.
Ich danke dir, dass du mich so herrlich und
ausgezeichnet gemacht hast!
Wunderbar sind deine Werke, das weiß ich wohl.
Du hast zugesehen, wie ich im Verborgenen
gestaltet wurde, wie ich gebildet wurde im
Dunkel des Mutterleibes.
Du hast mich gesehen, bevor ich geboren war.
Jeder Tag meines Leben war in deinem Buch ge-
schrieben. Jeder Augenblick stand fest,
noch bevor der erste Tag begann.
Wie kostbar sind deine Gedanken
über mich, Gott! Es sind unendlich viele.
Wollte ich sie zählen, so sind sie zahlreicher als der
Sand! Und wenn ich am Morgen erwache,
bin ich immer noch bei dir!

Gott, wenn du doch nur die Gottlosen
vernichten wolltest!
Fort mit euch aus meinem Leben, ihr Mörder!
Sie verhöhnen dich und lehnen sich gegen dich auf.
Sollte ich die nicht hassen, Herr, die dich hassen,
und sollte ich die nicht verachten,
die sich dir widersetzen?
Ja, ich hasse sie von ganzem Herzen,
denn deine Feinde sind auch meine Feinde.

Erforsche mich, Gott, und erkenne mein Herz,
prüfe mich und erkenne meine Gedanken.
Zeige mir, wenn ich auf falschen Wegen gehe und
führe mich den Weg zum ewigen Leben.

Wenn wir neu zu hoffen lernen

Eine mittelalterliche Legende erzählt von zwei Mönchen, die sich das Paradies in ihrer Fantasie in den leuchtendsten Farben ausmalten. Schließlich versprachen sie sich gegenseitig, dass der, welcher zuerst sterben würde, dem anderen im Traum erscheinen und ihm nur ein einziges Wort sagen sollte. Entweder »taliter« – auf Deutsch »genau so« wie wir uns das vorgestellt haben, oder »aliter« – »anders« als wir es uns vorgestellt haben. Nachdem der Erste gestorben war, erschien er dem anderen tatsächlich im Traum, aber er sagt zwei Worte: »Totaliter aliter!« – Es ist »total anders« als in unserer Vorstellung!

So ist das wohl mit unseren Vorstellungen vom Himmel, von der Auferstehung und von unserem neuen Leib. Genaues können wir nicht sagen. Details berichtet auch die Bibel nicht. Die neue Welt bleibt unseren Blicken verschlossen. Dennoch ist die Frage aufgeworfen: Was dürfen wir hoffen? Das ist eine der entscheidenden Fragen des Glaubens.

Was kommt auf uns zu? Womit können wir rechnen? Worauf können wir uns verlassen?

Wir haben den Himmel verloren

Natürlich hoffen wir auf den Himmel. Worauf denn sonst? Aber so einfach ist das ja nicht. Seit der Aufklärung scheint uns nur noch das glaubhaft, was unsere kritische Vernunft zulässt. Indem Kant und Co. die Hölle geleert haben, haben sie zugleich den Himmel geräumt. Wer den Teufel und seine Dämonen nicht mehr denken kann, hat auch keine Engel mehr. Das Paradies ist leer. Das Jenseits gestrichen. Das neue Jerusalem, die Perlentore, die goldenen Gassen nur mehr Metaphern, schöne Bilder, hilfreiche Vorstellungen vielleicht, mehr aber auch nicht. Wir haben den Himmel wegrationalisiert.

Wer wagt heute schon noch, vom Himmel zu reden? Ernsthaft, meine ich. Der Himmel ist zur Karikatur geworden und zum Gespött verkommen. Wir denken an Aloisius, an einen Münchner im Himmel,[7] an ein paar Engel mit Harfen, an Petrus und den Wettergott. In den Bierzelten des Oktoberfestes, bei Maßkrug und Volksmusik wird wohl öfter über den Himmel gespottet, als von den Kanzeln über ihn gepredigt wird. Unsere moderne Kirche hat den Himmel verloren.

Die Frage wird immer drängender: Was bleibt uns zu hoffen? Die ganze Tragik einer solch entleerten Theologie wird auf dem Sterbebett eines Menschen offenbar. Was ist jetzt noch zu sagen? Welche Aussichten gibt es noch, wenn Jesus nur in den Gedanken der ersten Christen, aber nie *wirklich* auferstanden ist? In dem Maße, wie wir den Himmel verloren haben, haben wir unsere Sprachfähigkeit verloren. Wer nichts mehr sagen kann von Gottes künftiger Welt, von seiner Verheißung für mich, vom Leben in Ewigkeit, dem fehlen am Sterbebett die Worte. Wir haben den Grund der Hoffnung verloren.

> Wir haben den Himmel wegrationalisiert.

Und doch ist die Hoffnung nötig. Als eine existenzielle Trotzhaltung gegen die Sinnlosigkeit. Als eine emotionale Stütze gegen den Frust. Wenigstens als Zweckoptimismus. Von der Hoffnung reden alle. Philosophen, Psychologen und Theologen sind sich einig: Hoffnung ist wichtig. Hoffnung ist zentral. Ohne Hoffnung geht es nicht. Aber sie ist zu einer

> Uns fehlen am Sterbebett die Worte.

Funktion der Ethik verkommen. Nur wer hofft, kann ethisch richtig handeln. Das Motto heißt: »Lasst uns hoffen, das hilft. Wir wissen zwar nicht worauf, aber ohne Hoffnung können wir nicht leben.«

Unverzichtbar, unaufgebbar, unbegründbar

Die Hoffnung preisgeben, hieße sterben. Deshalb reden viele Atheisten groß von der Hoffnung. Der alte Friedrich Nietzsche (1844–1900) etwa meint, Hoffnung sei »der Regenbogen über dem herabstürzenden Bach des Lebens«. Ernst Bloch (1885–1977), der große Philosoph der Hoffnung, kann sagen: »Wenn wir zu hoffen aufhören, kommt, was wir befürchten, bestimmt.«

Hoffnung ist für uns heute psychologisch unverzichtbar und philosophisch unaufgebbar, aber faktisch unbegründbar. Genauso stellt der Philosoph Hans Jonas (1903–1993) fest: »Der völlige Verzicht auf jede Hoffnung ist das, was das Unheil nur beschleunigen kann. Eines der Elemente, die das Unheil verzögern können, ist der Glaube daran, dass es abwendbar ist.«[8] – Hoffnung als das Gegenteil von Unheil. Die Chance, dass das Schicksal es nicht nur schlecht meint. Aber nichts Verlässliches, nichts Begründetes, nichts Festes, gar nichts Gewisses. Hoffnung ist zum Gegenteil von Gewissheit geworden: »Ich glaube nichts, aber ich hoffe darauf.« Alles ist vage, unsicher, ein einziges Vielleicht.

Lässt es sich damit leben? Lässt sich daraufhin sterben? Von welcher Art ist unsere Hoffnung als Christen? Worauf also dürfen wir hoffen?

Das Johannesevangelium beantwortet diese Fragen auf faszinierende Weise. Eindrücklich nimmt es unsere Fragen auf und richtet sie ganz neu aus. Ich möchte Sie einladen, diesen Textabschnitt einmal etwas genauer anzusehen.

In Johannes 14,1-7 lesen wir:

»Habt keine Angst. Ihr vertraut auf Gott, nun vertraut auch auf mich! Es gibt viele Wohnungen im Haus meines Vaters, und ich gehe voraus, um euch einen Platz vorzubereiten. Wenn es nicht so wäre, hätte ich es euch dann so gesagt? Wenn dann alles bereit ist, werde ich kommen und euch holen, damit ihr immer bei mir seid, dort, wo ich bin. Ihr wisst ja, wohin ich gehe und wie ihr dorthin kommen könnt.« »Nein, Herr, das wissen wir nicht«, sagte Thomas. »Wir haben keine Ahnung, wo du hingehst;

wie können wir da den Weg kennen?« Jesus sagte zu ihm: »Ich bin der Weg, die Wahrheit und das Leben. Niemand kommt zum Vater außer durch mich. Wenn ihr erkannt habt, wer ich bin, dann habt ihr auch erkannt, wer mein Vater ist. Doch von nun an kennt ihr ihn und habt ihn gesehen!«

Unsere Hoffnung als Christen hat ihren Grund in Jesus Christus selbst, genauer gesagt in seiner Auferstehung. Ohne Ostern keine Hoffnung.

Das Haus im Himmel

Alles beginnt ganz direkt mit einer Ermutigung. Das fällt auf, es gibt keine Einleitung, keine Hinführung, keine Ortsangaben, stattdessen eine direkte Ansage: »Habt keine Angst! Glaubt!« Das klingt besonders wohltuend, wenn man bedenkt, was der Szene vorausgeht. Gerade eben hat Jesus Petrus die größte Pleite seines Glaubenslebens angekündigt. »Der Hahn wird nicht krähen, bis du mich dreimal verleugnet hast« (Johannes 13,38). Petrus sitzt noch verstört da. Allen, die dabei sind, bleibt jedes Wort im Hals stecken. Kurz davor hat Judas, der Verräter, die Runde verlassen. Ganz abrupt ging er hinaus in die Nacht.

Da tut dieses Trostwort gut, obwohl es eigentlich gar nicht passt – zumal Jesus immer wieder von seinem Abschied spricht. Er werde weggehen und die Jünger zurücklassen. Da kann einem schon der Schrecken in die Glieder fahren. Aber er sagt: »Erschreckt nicht! Vertraut auf Gott und verlasst euch auf mich!« Will sagen: Glaubt an Gott, den Vater, und an mich, den Sohn! (eigene Übersetzung)

Der Grund für den Trost ist Jesus selbst. Er ist der Sohn. Er ist Gott. An ihn können wir glauben. Diesen Grund führen die folgenden Sätze genauer aus. Im Haus des Vaters sind viele Wohnungen. Jesus geht hin und bereitet sie vor. Dann wird er wiederkommen und uns zu sich nehmen, damit wir sind, wo

> Wir haben hier keine Bleibe, denn wir bleiben einmal woanders.

er ist. Jesus stellt uns die himmlische Welt als ein großes bewohntes Haus vor, ein Mehrfamilienhaus sozusagen. In Gottes Reich ist Platz für euch, sagt Jesus zu den Jüngern. Das dürfen wir hören. Mehr noch, das dürfen wir ernst nehmen. In den Himmel kommen heißt nach Hause kommen in das Haus des Vaters. Als »Gottes Kinder« sind wir jetzt in der Fremde. Wir sind hier, auf dieser Welt, nicht zu Hause. Für uns, die wir diese Erde lieb haben und uns hier gerne häuslich einrichten, ist das besonders schwer zu begreifen. Aber es bestimmt unsere Existenz: Wir haben hier keine Bleibe, denn wir bleiben einmal woanders. Wir haben hier keine Ruhe, denn wir sind unterwegs. Wir haben hier keine Heimat, denn wir gehören in das Haus des Vaters.

Natürlich sind das Bilder, Metaphern. Aber die biblischen Bilder sind mehr als bloße Vorstellungshilfen. Sie erfassen die Realität in einer ganz eigenartigen Konkretheit, die über das simple wörtliche Verstehen hinausgeht. Sie eröffnen einen neuen Wirklichkeitshorizont, eine neue Dimension, den Horizont unseres Hoffens. Im Hinblick auf diese neue Wirklichkeit ist das Bild, mit dem sie uns beschrieben wird, aber nicht bedeutungslos. Dieses Bild entspricht dem, was kommt. Dieses Bild ist Wahrheit. Das Bildwort entspricht dem, was Jesus vor Augen hat und was wir einmal sehen werden.

> Biblische Bilder eröffnen einen neuen Wirklichkeitshorizont, eine neue Dimension, den Horizont unseres Hoffens.

Jesus spricht von einem Haus, nicht von einem Acker oder einem Teig oder einem anderen Bild. Daher ziehe ich auch für die zweite Ebene des Vergleichs den Schluss: Auch im Himmel erwartet uns ein Haus, ein unvorstellbares zwar, ein anderes als die Häuser, die wir kennen, und doch ist es ein Haus. Hoffen heißt deshalb: das Wort von Jesus festhalten und auf seine Verheißung hin Sehnsucht nach dem Vaterhaus haben.

Sehnsucht nach dem Vaterhaus

Wenn es kein Vaterhaus im Himmel gäbe, dann hätte die ganze Rede von Jesus keinen Sinn, seine Rede vom Hingehen und Bereiten und vom Nachgehen und Folgen. Dabei ist das etwas ganz Großartiges: Jesus geht hin – mit nur einem Ziel: »um uns einen Platz vorzubereiten«. Jesus geht durch den Tod hindurch, durch die Hölle ins Vaterhaus, um unseren Platz vorzubereiten. Damit ist sein ganzer Weg, sein ganzes Wirken zusammengefasst. Jesus bereitet vor. Er macht den Himmel bewohnbar. Er macht aus uns Vagabunden Wohnungsberechtigte. Er macht die Wohnung bezugsfertig. Der Ort im Himmel wird vorbereitet.

Die Frage ist nun: Wann ist das geschehen? Wie sollen wir uns das vorstellen? Geht Jesus mit dem Staubsauger durch die himmlischen Zimmer? Geht er mit Hammer und Säge und Tapete und Kleister ans Einrichten? Wie bereitet er vor? – Nein, dieses »Vorbereiten«, von dem Jesus spricht, ist nichts, was jetzt geschehen würde. Das Bereiten geschah am Karfreitag, am Ostermorgen, bei der Himmelfahrt. Durch sein Heilswerk hat er den Ort vorbereitet. Dadurch, dass er am Kreuz stellvertretend für uns gestorben ist. Genau dazu brauchen wir Jesus. Gerade deshalb ist Ostern so wichtig. Keiner sonst bereitet uns den Himmel vor. Jesus, der Sohn, der hingeht in den Tod und zu neuem Leben aufersteht, dieser Jesus ist der Grund unserer Hoffnung. Durch ihn allein haben wir unsere Heimat im Himmel.

Den Himmel im Herzen

Thomas ist einer der sympathischsten Menschen der Bibel. Er fragt. Er zweifelt. Er ist geradeheraus, einfach eine ehrliche Haut. Ganz offen und direkt sagt er, was er denkt. Eben noch sagt Jesus: »Wo ich hingehe, den Weg kennt ihr.« Aber Thomas macht sofort den Mund auf und gesteht: »Herr, wir wissen nicht, wo du hingehst. Wie können wir dann den Weg wissen?« – Nun könnte man sagen, Thomas war vielleicht etwas schwer von

Begriff. Denn mehrfach schon hatte Jesus gesagt, dass er zum Vater geht, dass er zum Vater gehört. Gehört hat Thomas das sicher, aber begriffen hat er es nicht. Doch wer kann das schon begreifen! Das klingt für unsere Ohren heute genauso fremd wie für Thomas damals. Jedenfalls gibt er offen zu: »Wenn ich nicht weiß, wohin du gehst, kenne ich auch deinen Weg nicht.« Wer kein Ziel hat, hat auch keinen Weg.

Damit ist Thomas der Prototyp des hoffnungslosen Menschen. Wer nicht weiß, wo Jesus hingeht, wer deshalb auch Jesu Weg nicht kennt, den Weg durch den Tod hindurch zu neuem Leben und hin zum Vater, um uns dort eine Wohnung zu bereiten, wer diesen Weg nicht im Glauben ergriffen hat, dem fehlt die Zukunftsperspektive. Der hat nichts zu hoffen, der hat kein Ziel, auf das er gespannt zuleben könnte, der hat keinen Pol, nach dem er sich ausstrecken könnte. – Interessant ist nun, wie Jesus auf Thomas reagiert. Erklärt er ihm alles von vorn? Trägt er Erläuterungen vor? Versucht er, ihm mit langen Ausführungen irgendeine Jenseitshoffnung plausibel zu machen? – Nein, er antwortet vielmehr mit zwei Worten, in denen unsere Hoffnung begründet ist und durch die uns die Hoffnung gewiss wird: »Ich bin.«

Ohne dass überhaupt ein weiteres Wort folgen müsste, ist damit alles gesagt. Jesus ist der lebendige Gott, der da ist, für uns, für immer. Dieses »Ich bin« überdauert die Zeit. Dieses »Ich bin« sprengt unseren Horizont. Von diesem »Ich bin« sind wir umfangen, getragen, erhalten, umsorgt, ewig umschlossen. Aber Jesus redet weiter. Er sagt, wer er ist. Er erläutert sein Wesen, seine Art. Diese Erläuterung ist das großartige, dreiteilige sogenannte »Ich bin«-Wort, das im Johannesevangelium steht: *»Ich bin der Weg, die Wahrheit und das Leben.«*

> Thomas ist der Prototyp des hoffnungslosen Menschen.

»Ich bin der Weg.« Das ist die Antwort auf die Frage des Thomas. Wer Jesus kennt, kennt den Weg. Der Weg in den Himmel ist mir gewiss, wenn mir Jesus gewiss ist. So einfach ist das. So exklusiv. Mehr hat Jesus nicht von sich gesagt. Und mehr gibt es nicht zu sagen. Jesus weist und ebnet den einzigen Zugang zum Vater. Der Weg ist frei durch seinen Tod am Kreuz. Jesus denkt seinen Sieg am Kreuz schon mit, als er Thomas hier antwortet.

»Ich bin die Wahrheit.« – Was ist Wahrheit?, fragen wir mit Pilatus. Die Bibel kennt keine unpersönliche Wahrheit, keine Wahrheit, die außer-

halb von mir bliebe, mich nicht beträfe. Es gibt gegenüber der Wahrheit keine neutrale Position, die über sie entscheiden könnte. Entweder ich bin in der Wahrheit, oder ich bin außerhalb von ihr in der Lüge. Entweder ich bin gerettet oder ich bin schon gerichtet. Wahrheit bezeichnet ein Entsprechungsverhältnis, eine Beziehung. Gott zu entsprechen, seinem Willen zu entsprechen, ganz mit ihm und seinem Wort, seinem Gebot übereinzustimmen – das ist Wahrheit. Nur wer ihm entspricht, ist in der Wahrheit. Das kann letztlich nur von einer Person gesagt werden: von Jesus Christus. Für alle anderen Menschen ist es nur durch ihn möglich, in eine Beziehung mit Gott zu kommen.

»Ich bin das Leben.« – Das bezeichnet im Grunde dasselbe. Nur wer dem Schöpfer und seinem Wort entspricht, kann leben. Wer im Widerspruch zum Schöpferwort lebt, verwirkt seine Geschöpflichkeit und stirbt. Kurzum: Wer Leben will, muss Jesus haben.

Eigentlich ist der nächste Satz unnötig. Er ist bereits gesagt. Aber um es noch einmal unmissverständlich klarzumachen, sagt Jesus: *»Niemand kommt zum Vater außer durch mich.«* Damit unterstreicht er seinen ungeheuren Anspruch. Einen anderen Weg zu Gott gibt es nicht als den Glauben an Jesus Christus. Für Christen ist dieses Bekenntnis unaufgebbar. Wenn Ostern wahr ist, wenn Jesus wirklich von den Toten auferstanden ist, dann ist dieser Satz auch die einzig denkbare Konsequenz. Wer sonst sollte den Weg in den Himmel ebnen, wenn nicht der, der als Einziger den Tod besiegt hat? – Für Christen ist dieser Satz aber zugleich »kein Satz des Hochmuts, sondern der Retterliebe«;[9] so hat es der Württemberger Altlandesbischof Dr. Gerhard Maier einmal formuliert. Gerade als Pfarrer will ich das bewusst sagen: Wir halten am Bekenntnis zur Einzigartigkeit von Jesus Christus nicht fest, um uns über andere zu erheben, sondern um anderen die einzige Hoffnung im Leben und im Sterben nicht vorzuenthalten.

Jesus Christus ist der Grund unserer Hoffnung, und er ist unsere Gewissheit. Mehr braucht unsere Hoffnung nicht, als um ihn als Auferstandenen zu wissen. Mit Jesus haben wir den Himmel im Herzen. Sicher, wir würden gerne mehr wissen: Wie sieht es im Himmel aus? Wen treffen wir dort? Wie werden wir aussehen? Können wir miteinander reden? Und wenn ich meine Oma wiedersehe, hat sie

> Einen anderen Weg zu Gott gibt es nicht als den Glauben an Jesus Christus.

dann graue Haare, oder ist sie noch jung? Und wie alt bin ich, wenn ich in den Himmel komme? Wer wird dort sein, und wen werden wir vermissen? – Viele Fragen ließen sich anfügen. Wir wollen mehr wissen, um mehr hoffen zu können. Aber das ist ein Trugschluss: Jesus genügt. Sein »Ich bin«. Jesus selbst, er allein gibt uns eine Gewissheit ins Herz. Alle Spekulation und alles Wissen schenkt keine Gewissheit.

Der Stoßseufzer einer schwer kranken Frau

Ich denke an die Menschen, die ich auf ihrem letzten Weg begleitet habe. An ihre Schmerzen. An das Elend im Krankenhaus. An die vielen durchwachten Nächte. Ich habe einige hoffnungslose Situationen vor Augen und manche Seufzer noch im Ohr. Besonders eindrücklich ist mir der Stoßseufzer einer schwer kranken Frau, der wie ein Gebet klang: »Oh Heiland!« Geflüstert, gestöhnt, gejammert. Mehr blieb ihr nicht, mehr konnte sie nicht sagen.

Sie wusste nicht, *was* hinter der Schwelle des Todes auf sie zukommt. Ich konnte ihr auch nicht sagen, wie es sein wird, wenn sie stirbt. Aber doch wusste sie, *wo* sie sein würde: Dort, wo Jesus ist, an den sie geglaubt hat. Dort, wo sein »Ich bin« das Haus erfüllt. Seine Person bestimmt den Ort. Jesus hat ihre Stätte bereitet. Hier wird ihr Platz sein, ein Platz zum Leben. Das war ihr Trost genug.

Eine schöne Erinnerung an die Zukunft

Der französische Philosoph Gabriel Marcel (1889–1973) soll einmal gesagt haben, Hoffnung sei »eine schöne Erinnerung an die Zukunft«. In der Tat: Die Erinnerung an die Osterberichte des Neuen Testaments lässt uns voraussehen. Der lebendige Gekreuzigte, der alles Scheitern, alle

---
Hoffen hat eine positive Eigenart: Es steckt an.

Festlegung auf das Endgültige durchbricht, ist so etwas wie eine Erinnerung an die Zukunft. Denn wenn es wahr ist, was von ihm bezeugt wird, dann gehört ihm die Zukunft.

Wer hofft, betet. Er redet mit dem lebendigen Gott. Ostern ernst zu nehmen, ist mehr, als nur einige Berichte aus dem Neuen Testament für wahr zu halten. Wenn Jesus lebt, dann heißt das, er ist jetzt ansprechbar. Ihm gehört nicht nur die Zukunft, sondern auch die Gegenwart. Das füllen wir mit Leben, wenn wir beten. Durch das Gebet wird der Bogen zu Gott gespannt. Wenn wir beten, werden unsere engen Grenzen aufgesprengt. Der Himmel bleibt unser Horizont. Wir leben im Licht des Kommenden. Wer betet, kann nicht anders als zu hoffen. Nach dem Amen stehen wir verändert auf und gehen verwandelt weiter. Wir gehen unseren Weg als Weg zum Vater. Denn der Weg zum Vaterhaus führt mitten durch unsere Welt. Der Hoffende unterscheidet sich vom Hoffnungslosen nur dadurch, dass er eine Richtung hat, auf die er zugeht. Wer durch diese Welt in Richtung Vaterhaus geht, geht als Hoffnungsträger und wird so zum Segen für seine Mitmenschen. Denn Hoffen hat eine positive Eigenart: Sie steckt an. Sie steckt an, indem sie uns auf ein Ziel hin ausrichtet. Also, halten wir das Wort von Ostern fest. Halten wir im Wort Christus fest. Halten wir mit Christus die Hoffnung fest, die uns gewiss macht. Und leben wir sie aus, indem wir herzlich beten. Das macht uns nicht nur hoffnungsvoll, sondern macht aus uns Träger der Hoffnung. Und genau das braucht unsere Welt.

Wenn die Tränentage Ihres Lebens kommen

Sie werden wie genauso ich immer wieder in solche Situationen kommen, wo Ihnen die Hoffnung wie Sand zwischen den Fingern zu zerrinnen droht. Ihr Vertrauen auf Gott wird erschüttert, und Ihre Hoffnung schwindet. Zweifel gewinnen die Oberhand, Trauer, Schmerz, vielleicht auch Wut. Was Sie eben noch zu verstehen glaubten, ist wie weggewischt. Zurück bleibt eine innere Leere, in der Sie sich zu verlieren drohen. Sie fragen so intensiv wie vielleicht nie zuvor: »Warum?« Aber diese Frage hallt aus Ihrem Innern zurück, ein Echo der Verzweiflung.

Zwei Arten von Tränen

Wenn es Ihnen so geht, wenn die Freude den Tränen weicht, wenn ein Weg des Abschieds unumkehrbar scheint oder ein Verlust unwiederbringlich ist, dann denken Sie daran: Sie können auf eine zweifache Weise weinen. Sie können sich von Gott abwenden und Ihr Leiden ins Leere hinein beklagen, Ihren Schmerz beweinen, Ihr Herz verschließen und dabei hart werden – das sind Tränen der Bitterkeit. Oder Sie wenden sich Gott zu und klagen ihm Ihr Leiden und sagen ihm Ihren Schmerz, Sie schütten Ihr Herz vor ihm aus, Sie schreien ihm Ihre Klage entgegen – das sind Tränen der Hoffnung.

Ich möchte Sie ermutigen am Schluss dieses Buches: Wenn die Tränentage Ihres Lebens kommen, dann weinen Sie solche Tränen der Hoffnung. Wenden Sie sich Gott zu mit Ihrer Klage und fragen Sie ihn: »Warum?« Ich wünsche Ihnen, dass Sie dabei getröstet werden und zu neuer Hoffnung finden.

> Dann wandte Jesus sich an seine Jünger und sagte:
> »Gott segnet euch, die ihr arm seid,
> denn euch wird das Reich Gottes geschenkt.
> Gott segnet euch, die ihr jetzt hungert,
> denn ihr werdet satt werden.
> Gott segnet euch, die ihr jetzt weint,
> denn die Zeit wird kommen,
> in der ihr vor Freude lachen werdet.
> (Lukas 6,20-21)

Anmerkungen

1 Name geändert

2 Internationaler Bund der Konfessionslosen und Atheisten e. V.; Homepage. 22.05.2010
http://www.ibka.org/artikel/ag98/atheismus.html

3 Eine mehrfach erzählte Legende in überarbeiteter Form;
vgl. Jürgen Spieß. Jesus für Skeptiker. Wuppertal:
R. Brockhaus, 2002, S. 89f; R. Armstrong, in:
Entscheidung Nr. 84, 1977; Peter Hahne. Leid –
Warum lässt Gott das zu?, Lahr 2007, 85ff

4 Rainer Maria Rilke. Briefe an seinen Verleger, 1934,
S. 247; zitiert nach: Gunda Schneider-Flume.
Glaubenserfahrung in den Psalmen. Göttingen:
Vandenhoeck und Ruprecht, 1998, S. 29

5 Eugen Roth. Sämtliche Werke. München: Hanser, 1977,
Fünfter Band, S. 366

6 Masanori Nakamura. Operation Heimkehr. München:
Droemer Knaur, 1982

7 Diese Erwähnung bezieht sich auf die humoristisch-
satirische Kurzgeschichte »Ein Münchner im Himmel«
des bayerischen Schriftstellers Ludwig Thoma, 1911
veröffentlicht.

8 Zitiert aus einem SPIEGEL-Interview mit Hans Jonas:
SPIEGEL ONLINE. Homepage. 25.05.2010
http://www.spiegel.de/spiegel/print/d-13680535.html

9 Gerhard Maier. Edition C Bibelkommentar. Johannes-
Evangelium, 2. Teil. Holzgerlingen: Hänssler Verlag,
1996 und 2007, S. 108

Steffen Kern

Ich lebe gern

Vom Glück eines gesegneten
Lebens

Paperback, 13,5×20,5 cm, 208 S.
Nr. 395.122,
ISBN 978-3-7751-5122-1

Trotz Leiderfahrung glücklich sein?

In seinem Buch »Ich lebe gern« stellt Steffen Kern
wesentliche Lebensfragen, etwa:

- Wie gestalte ich meine Beziehungen?
- Wie gehe ich mit Belastungen um?
- Wie entdecke ich die Berufung meines Lebens?
- Wie finde ich trotz allem zu tiefer Lebens-
  freude?

Das Buch lädt Sie ein zu einer persönlichen Ent-
deckungsreise. Lesen Sie praktische Impulse und
entdecken Sie das Glück eines gesegneten Lebens.

Bitte fragen Sie in Ihrer Buchhandlung nach diesem Buch!
Oder schreiben Sie an: SCM Hänssler, D-71087 Holzgerlingen;
E-Mail: info@scm-haenssler.de; Internet: www.scm-haenssler.de

Steffen Kern (Hrsg.)

Hoffnungs-
geschichten

Gebunden, 13,5×20,5 cm, 128 S.
Nr. 394.464,
ISBN 978-3-7751-4464-3

Bekannte Personen aus Politik, Wirtschaft, Kirche und Gesellschaft erzählen eine persönliche »HoffnungsGeschichte«. Lassen Sie sich unterhalten und ermutigen von Wolfgang Grupp, Fritz Hähle, Hans-Jochen Vogel, Annette Schavan, Judy Bailey u.a

Bitte fragen Sie in Ihrer Buchhandlung nach diesem Buch!
Oder schreiben Sie an: SCM Hänssler, D-71087 Holzgerlingen;
E-Mail: info@scm-haenssler.de; Internet: www.scm-haenssler.de